苏州历史文化名村

吴江区档案局 吴江区地方志办公室 编

古吴轩出版社

中国·苏州

图书在版编目（CIP）数据

苏州历史文化名村溪港 / 吴江区档案局, 吴江区地方志办公室编. —苏州：古吴轩出版社, 2018.5
ISBN 978-7-5546-1155-5

Ⅰ.①苏… Ⅱ.①吴… ②吴… Ⅲ.①乡村—介绍—吴江 Ⅳ.①K925.35

中国版本图书馆CIP数据核字（2018）第102809号

责任编辑：俞　都
见习编辑：黄川川
装帧设计：吴自强
责任校对：徐小良　黄菲菲

书　　名：	苏州历史文化名村溪港
编　　者：	吴江区档案局　吴江区地方志办公室
出版发行：	古吴轩出版社

地址：苏州市十梓街458号　　邮编：215006
Http://www.guwuxuancbs.com　　E-mail：gwxcbs@126.com
电话：0512-65233679　　传真：0512-65220750

出 版 人：	钱经纬
印　　刷：	苏州市越洋印刷有限公司
开　　本：	880×1230　1/32
印　　张：	7.5
版　　次：	2018年5月第1版　第1次印刷
书　　号：	ISBN 978-7-5546-1155-5
定　　价：	36.00元

如有印装质量问题，请与印刷厂联系。0512-68180628

编委会

主　任　沈卫新

编　委　陈永康　范红明　周　军
　　　　　王林弟　王来刚

主　编　沈卫新

执行主编　王林弟

撰　稿　陈志强

封面题字　庄雪明

前言

吴江，地处长江三角洲腹地，文化源远流长，文化遗产颇为丰厚。现今，吴江拥有同里、黎里、震泽这三个中国历史文化名镇和平望、桃源这两个江苏省历史文化名镇，另有多个历史悠久、风貌尚佳的古村落，诸如松陵镇的南厍、四都、庙前，平望镇的溪港、秋泽、庙头，盛泽镇的龙泉嘴、黄家溪、南塘港，七都镇的陆家港、隐读，黎里镇的雪巷等，而其中的南厍、溪港和龙泉嘴则是佼佼者，成为苏州市历史文化名村。

尤让吴江人骄傲的是溪港，它与姑苏古城同龄，至今已有两千五百多年的历史。春秋吴越相争时，越王勾践被吴王夫差放回越国后，一心想要一雪前耻，他卧薪尝胆，悄悄做着消灭吴国的准备。他派大夫范蠡带兵潜伏于濒临东太湖的一条小溪的两边，厉兵秣马，随时准备攻打吴国。一日，驻扎在小溪两边的越国兵士正吃着中饭——米饭配韭菜，突收到即刻进军吴国的命令。军令一出，越国兵士就将饭菜倒入溪中，整装出发。霎时，溪水之上满是韭菜叶，原本澄澈如玉的溪水越发碧绿了。越兵攻入馆娃宫，吴王夫差自杀，勾践成就了霸业，那条越国兵士曾经屯驻过的无名小溪遂得"韭溪"之名，并流传下来。后来，韭溪与水华港一起组成了"溪港"这一地名。

溪港不但历史悠久，且名人迭出。明末清初时，有潘柽章、吴炎和潘耒等著名人物，其中潘耒于清康熙十八年（1679），以博学鸿儒征试,任翰林院检讨,纂修《明史》。康熙帝平定三藩后,他献上《平蜀》《平滇》二赋,康熙帝大加称赏,公卿们也相互传诵。潘耒遂充任日讲起居注官,纂修《世祖实录》《圣训》,又任会试同考官,后回归故里。清康熙四十二年(1703),康熙帝南巡,抵临平望,召见潘耒,临明代著名书法家董其昌的字,书元代赵孟頫《鱼乐楼》诗赐予潘耒。清康熙四十四年(1705),康熙帝又南巡,再赐给潘耒手书《御制虎跑泉》诗。

溪港的望族还有秦氏,据清光绪《平望续志》载,秦景昌、秦时昌、秦篁、秦彬、秦清锡、秦秉纯、秦毓华、秦钟瑞、秦丕烈、秦守诚等在江南均有一定名声。近代吴江著名老中医秦东园也出生在溪港,其幼子秦均天也为医生,退休后为群众义务看病20多年,2017年被评为"中国好人"。

溪港不仅人文历史丰厚,且风光胜迹颇多,历史上有平沙落雁、芦渚新涨、远浦归帆、溪桥晚眺、东林精舍、龙舌渔翁、唐塔灵祠、耕读夜泊这"韭溪八景",至今,东林精舍与溪桥晚眺这二景犹存。

村中的东林桥与刘将军庙同为苏州市文物保护单位,大庆桥(溪桥)为苏州市控制保护建筑,周家厅和李八爷旧宅为第三次全国文物普查点。

从事地方志编纂工作的我们,近年来,通过上下合力,在指导编纂了许多部镇志和部门志的同时,也编纂出版了《开弦弓村志》《龙泾村志》和《元荡村志》等多部村志,但单以一个村的历史文化结集成书,这本《溪港》还是第一本,其中长期致力于吴江历史文化研究和古村落保护的陈志强先生付出了大量心血。我们力图通过"溪港纵览""方志载溪港景物""典籍方志载溪港人物""溪港古人诗选""溪港古人文选""古人吟咏溪港人文历史诗选""古人撰述溪港人文历史文选""溪港对联选萃"这八个章节,全方位、多角度地展示溪港丰厚的历史文化。只愿读者们浏览此书,能得到一些裨益。

承蒙中国作家协会会员俞前先生提供一篇长文,摄影家潘福官、刘建华二位先生提供部分图片,平望镇文化体育站原站长吴玉妹女士给予热情帮助,在此,谨一并表示深切的谢意。

由于我们才疏学浅,水平有限,书中定有不少错谬与不足之处,谨请大家不吝指正。

本书编委会

2018年3月

目 录

前言

一 溪港纵览

003 漫谈溪港古村落
018 溪港的记忆流淌千年

二 方志载溪港景物

033 韭溪
034 乡里考
037 溪港桥梁
039 溪港坊表
041 韭溪八咏
041 韭溪八景诗
045 附
049 游唐塔庙记
052 黄雀
052 野凫

三 典籍方志载溪港人物

055 秦楷

- 056 潘凯
- 058 清道光《平望志》载潘柽章
- 060 《清代学人列传》载潘柽章
- 062 吴炎
- 063 秦士颖
- 065 《清史稿·文苑一》载潘耒
- 067 清道光《平望志》载潘耒
- 070 秦篁
- 072 秦时昌
- 073 秦彬
- 075 秦景昌
- 076 秦秉纯
- 078 秦清锡
- 080 秦毓华
- 081 智前
- 083 张学潮
- 085 秦东园

四 溪港古人诗选

- 089 卜居韭溪
- 091 登快风阁
- 092 平川旧业
- 093 吴江竹枝词

094	虎林军营狱中四首
098	营中送春
099	怀古四首
104	与美生对酌绝句
105	泽州公有莺脰湖见怀之作依韵奉酬
107	酬陈霁山
109	访吴东篱先生
111	双林寺
113	题徐虹亭丰草亭
115	西郊两高士诗
117	赠沈兼人
118	宿兼葭庵赠石邻上人
119	通济庵赠密中讲师
121	徐健庵司寇以一叶舟见访溪南感而有作
123	赠李兹佩
125	玛瑙庵
127	赠蛤庵和尚
128	卦山
130	忻州婴杵庙
133	西泠展墓
135	赠杜于皇
137	赠钱饮光
138	画松歌为梅瞿山作
140	二姜先生祠

- 142 经姜给谏墓作
- 144 马当山
- 145 羊城杂咏
- 146 万年桥
- 148 泛洞庭湖
- 150 水车

五 溪港古人文选

- 155 《国史考异》序
- 159 《松陵献集》序
- 162 《晓庵遗书》序
- 166 《古稽斋稿》序
- 170 《町庐集》序

六 古人吟咏溪港人文历史诗选

- 175 秋日过潘力田村居
- 177 汾州祭吴炎、潘柽章二节士
- 179 赐翰林院检讨潘耒
- 181 莺脰湖怀潘稼堂太史
- 183 赠稼堂
- 185 题黄叙九南阳草堂用潘稼堂太史原韵
- 186 附：今人咏溪港诗作

七 古人撰述溪港人文历史文选

191　与潘生次耕书
195　虎林军营唱和
197　力田遗诗
200　跋王晓庵、潘稼堂两先生墨迹
202　与潘次耕书
204　《遂初堂集》序
208　《韭溪渔唱集》序

八 溪港对联选萃

213　东林桥
214　刘猛将军庙
217　大庆桥
218　溪港石牌楼

一 溪港纵览

漫谈溪港古村落

溪港古村落，位于苏州市吴江区平望镇西北约7公里处，从吴江城区出发，过南库，再过菀坪东，就到溪港了。

溪港村景

一、溪港的沿革与传说

以前，溪港是进入太湖的必经要道之一，民国十八年（1929）称为镇。后来，由于地理环境、行政体制等发生变化，溪港由镇改

清光绪《平望续志》载韭溪

为村。1985年，平望到溪港的公路通车后，溪港老街的商贸业逐渐萎缩，原来在街上经商的居民迁移到平望镇区，一些店铺搬迁到平溪公路旁。但至今溪港仍是吴江境内一个较大的村级集镇，开设着不少商肆店铺。2008年1月，苏州市人民政府公布溪港为历史文化名村。

溪港古村中流淌着一条小溪，溪水清澈。这溪的名字叫韭溪，为何得此名，有着一段传说。相传春秋吴越相争时，吴王夫差率军攻入越国都城、俘获越王勾践后，便居功自傲起来。越国施用美人计，献上美女西施，让吴王沉溺于酒色。越王勾践被放回后，不忘前耻，卧薪尝胆，暗地里做着灭亡吴国的准备。他派大夫范蠡遣军潜伏在濒临东太湖的一条小溪两侧，厉兵秣马，伺机进攻吴国。一天，屯驻在小溪两旁的越国兵士正在吃中饭，午餐是米饭加韭菜，大家正吃得津津有味的时候，上面传下进兵的命令，军令如山，越国兵士们马上将饭菜倒入小溪，整装出发。顿时，小溪水面上到处漂浮着韭菜叶，原本清澈如玉的溪水显得越发碧绿了。越兵攻入木渎的馆娃宫，吴王夫差自杀后，勾践当上了"霸主"，那条曾经驻扎越国兵士的无名小溪也得了"韭溪"这个名字，流传了下来。

二、溪港的风光胜迹

到了溪港古村落的村口，就见到一座气宇不凡的石牌楼。石牌楼上东西两向镌刻着四副对联。

东向第一副：

擎三尺青锋，刘王翦害遗祠庙；
凌千层碧浪，勾践挥师传韭溪。

溪港石牌楼

这副联上联说的是民间流传的刘猛将军挥舞宝剑驱除蝗虫的故事，溪港因这一故事而遗存了一座刘王庙（详见下）；下联说的就是韭溪来历的故事。

东向第二副：

> 耕读传家，延潘吴文脉；
> 渔樵问对，话周李门风。

这副联上联中的"潘吴"，指的是明末清初隐居在溪港的潘柽章、潘耒和吴炎，他们著有《今乐府》《国史考异》《松陵文献》《明史记》《食货志》《遂初堂集》等书，在史学界和文坛上占有较高的地位（详见下）；下联中的"周李"，指溪港的望族周氏和李氏，现存有周家厅和李八爷旧宅，均为吴江第三次全国文物普查点（详见下）。

西向第一副：

> 晴澜涵笠泽，远浦归帆留夕照；
> 橹影接莺湖，平沙落雁正秋光。

这副联上联中的"远浦归帆"和下联中的"平沙落雁"都为以前"韭溪八景"之一（详见下）。

西向第二副：

> 碧波红树映东林精舍，
> 黛瓦粉墙缀西港虹霓。

这副联与溪港刘猛将军庙山门的对联基本相同（详见下）。

走进村子，就见到韭溪这条小溪。小溪两岸砌有石驳岸，河埠参差错落，河中段上有一座古桥，名为东林桥。此桥为苏州市文物保护单位，拱形单孔，东西走向，初建无考，明代嘉靖年间（1522—1566）、清顺治三年（1646）两度重建，嘉庆三年（1798）重修。该桥南北两侧均刻有对联，北侧的那一副由于砌筑了驳岸被遮盖住了，南侧这一副仍旧看得到，颇有诗情画意，是为：

东林桥与刘猛将军庙旧影

东林桥与刘猛将军庙近貌

东林桥石级

东林桥桥额

浩渺波光涵笠泽，
参差帆影接莺湖。

上联中的"笠泽"就是太湖，从溪港往西行不太远就是浩渺无边的太湖了；下联中的"莺湖"就是平望镇区的莺脰湖。

东林桥堍是当年溪港老街最为繁华热闹的地方，两堍街上店铺林立，不但有烟杂店、肉店、茶馆、酒店、药房、米行、水果行、日用百货店等，还有竹匠坊、箍桶坊、铁匠铺、理发铺等。20世纪50～80年代，平望供销社、邮电局、医药商店、信用合作社等国营集体企业都在河东老街上设置分部，刘猛将军庙当年则是粮管所办公的地方。河西老街两旁为店铺，街道上方筑有廊棚，可为行人遮风避雨。以前，老街上还有远近闻名的卤菜店，出售熏麻雀、太湖野鸭等，生意相当兴隆。老街上还有7家茶馆，吸引四周茶客。茶

刘猛将军庙山门　　刘猛将军庙轩廊

刘猛将军塑像　　　刘猛将军庙正殿

刘猛将军庙拱门　　刘猛将军庙庙匾　　刘猛将军庙碑刻

馆不仅设有清晨的早茶、早饭后的饭茶，还设有下午茶，节日设有夜茶。现今，溪港老街的基本格局尚在，且存有多处文物古迹。

东林桥东堍是刘猛将军庙，与东林桥同为苏州市文物保护单位。该庙现存建筑建于清同治年间（1862—1874），祭祀元代将军刘承忠（也有的说是祭祀宋代将军刘锐，另有说法是祭祀宋代将军刘锜）。相传刘将军是驱除蝗虫的能手，得到百姓的尊崇与爱戴，元朝灭亡后，他投河自尽，世称刘猛将军。刘猛将军庙简称刘王庙，以前各地都有，吴江地区有数百座，溪港周围就有8座刘王庙。随着时过境迁，吴江各地的刘王庙都消失了，唯独留下了韭溪旁的这一座。刘猛将军庙在洋溢着阵阵纯朴古风的同时，与东林桥一起，构成了水乡特有的"桥庙相映"景观。近年来，平望镇政府、溪港村与吴江文物部门一起对刘猛将军庙进行了修缮，不仅恢复了其昔日古色古香的风貌，还在山门口和正殿上配置了两副对联。山门口的对联是：

碧波红树映东林精舍，

黛瓦粉墙缀西港虹霓。

上联中的"东林精舍"指刘猛将军庙；下联中的"西港"指韭溪，因位于刘猛将军庙的西面，故称为西港。

正殿上的对联是：

挥三尺青锋，驱蝗捍患扬威莺胆岸；

拯八方黎庶，安境护禾播泽韭溪村。

这副对联展现了刘猛将军驱除蝗虫、为民造福的情景。

溪港老街上还存有两幢古宅。一幢名叫周家厅，建于清代末年，坐落在东林桥西北侧的韭溪西岸，原有三进，现存第二、第三进。第二进为正厅，前有一座砖雕门楼，两侧有厢房及眉毛天井；第三进前也有砖雕门楼，门额为"德广日新"（语出陆机《文赋》中的句子"被金石而德广，流管弦而日新"）。整幢建筑前后贯通，为"走

周家厅石库门　　周家厅砖雕门楼

李八爷旧宅旧影　　李八爷旧宅近貌

马堂楼"。

另一幢老宅名叫李八爷旧宅,民国元年(1912)由李常恩(人称"李八爷",民国时期任吴江县参议员)所建,坐落在东林桥东南侧的韭溪东岸,原有三进,临河建有廊棚,现存沿街一进,为二层楼房,面阔四间,柱、枋等构件上雕有四时花卉图案。此宅在民国时曾开设"陈重堂"中药店,中华人民共和国成立后为供销社开设的商店。

韭溪的北侧另有一座古桥,名为大庆桥,俗称溪桥、韭溪桥,

大庆桥

为苏州市控制保护建筑,建于明永乐十七年(1419),清乾隆元年(1736)、同治八年(1869)先后重修,现存之桥为民国十一年(1922)由丝商捐资重建。这里的风景很是优美,以前"溪桥晚眺"是"韭溪八景"之一。这座桥上也有对联,是为:

  水通笠泽波光远,

  地接枫江秀气多。

  这副联下联中的"枫江",为吴江的别称,以前吴淞江两岸多植枫树,古代诗人有句云:"枫落吴江冷。"

  实际上,以前溪港的风光胜迹远不止上面所说的这些,据清光绪《平望续志》记载,韭溪有八景,分别为:平沙落雁、芦渚新涨、远浦归帆、溪桥晚眺、东林精舍、龙舌渔翁、唐塔灵祠、耕读夜泊。每一景都配有一首诗,如"溪桥晚眺"的这一首为:

  渔唱声中月上迟,

  全湖烟水吐吞时。

  寻诗夜梦桥边坐,

  七十二峰来索诗。

诗中最后一句的"七十二峰"指的是太湖中的众多山峰。

"东林精舍"的这一首为：

> 惯集骚坛朋酒来，
> 焚香埽地绝尘埃。
> 十年宰相浑闲事，
> 多事蹲鸱寒夜煨。

诗中第二句中的"埽"通现在的"扫"；最后一句中的"蹲鸱"，指的是大芋头，因其形状好像蹲伏的鸱鸟，故如此称呼。这里面有一个典故，《史记》上说，蜀地卓氏的祖先是赵国人，秦国击败赵国时，令卓氏迁徙，有夫妻二人推着车子，去往迁徙的地方。其他同时被迁徙的人，稍有点钱财的，争着送给主事的官吏，央求迁徙到近处，近处是在葭萌县。只有卓氏说："葭萌这地方狭小，土地贫瘠，我听说汶山下面是肥沃的田野，地里长着大芋头，形状像蹲伏的鸱鸟，人到了那里不会挨饿。"于是就要求迁到那里，生活得颇好。

值得溪港人庆幸的是，"韭溪八景"中的"溪桥晚眺"和"东林精舍"这二景至今仍在。

三、溪港的名人

溪港虽然地方小，但在历史上出了不少名人。明末清初时，有潘柽章、吴炎和潘耒等。

潘柽章，字圣木，号力田。他的父亲潘凯，字岂凡，号仲和，工诗文，潜心于经世之学，为诸生，连试第一，终生不出仕，所著有《平望志》《本草类方》《贻令集》等。

潘柽章生有特异的禀赋，九岁时，跟父亲学文，晚上就读时，文章才看了一遍，父亲就叫熄灯，责令他复写，可他竟一字不差地清光绪《平望续志》载"韭溪八景"

清光绪《平望续志》载顾炎武诗

清道光《平望志》载潘耒

清道光《平望志》载康熙帝诗

默写出来。15岁时,潘柽章补为县学生。

潘柽章长得广额秀眉,目光炯炯射人,须髯张开如戟,以孝事亲,待人忠厚,好义若渴,疾恶如仇。潘柽章隐居溪港,肆力于学,纵贯百家、天文、地理之书,无不通晓。旋即专精史事,他非常推崇司马迁,说"诸史惟司马迁书最有条理,后人多失其意",意欲效仿司马迁作《明史记》。

友人吴炎的见解与潘柽章相同,两人非常谈得来。吴炎,生于1624年,卒于1663年,字赤溟,溪港人,明朝生员,同潘柽章等一起结"惊隐诗社",与顾炎武交谊颇厚。明朝亡后,改号赤民,隐居授业。潘柽章与吴炎两人意趣相投,便一起撰写《明史记》。潘柽章分撰本纪及诸志,吴炎分撰世家列传,其年表、历法则请震泽王锡阐撰写,流寇志请明诸生戴笠撰写。私家修史最难得者为实录,潘柽章便变卖家产来购资料。昆山顾炎武、江阴李逊之、长洲(今属苏州市)陈济生皆熟于典故,家里多藏书,一起出来帮助潘柽章和吴炎。

潘柽章长于考核,吴炎长于叙事,两人互相讨论,撰出稿子后请常熟大学问家钱谦益阅正。钱谦益看了很加赞许,他先著有《太祖实录辨证》一书,读到潘柽章的《国史考异》,深感受益良多,自感不如,于是对所著重加修改。

潘柽章与吴炎撰述数年,《明史记》已完成百分之六七十。这时浙江南浔庄氏史狱发生,庄氏史狱的主要当事人是庄廷钺(1585—1655),字子襄,浙江乌程南浔(今湖州南浔)人,15岁为贡生,入国子监,因疾双目失明,无法贡献才学于世,颇为感叹。后因雅爱诸史,欲效法左丘明,目盲尚为《左传》,广传天下,遂重金购得明朝天启时大学士朱国祚撰写的《明史》为底本,又广聘名士吴炎、潘柽章等16人,补写崇祯朝与南明史事。书中奉南明弘光、隆武、永历帝为正朔,用永历等朝的年号,斥降清的明将为叛逆,更直呼努尔哈赤为"奴酋"、清兵为"建夷"。书成不久,顺治十二年(1655),庄廷鑨病死。庄廷鑨父亲庄允诚于顺治十七年(1660)冬将书刻成,即行刊书《明史辑略》。顺治十八年(1661),归安知县吴之荣告发,后来庄允诚不堪虐待死于狱中,庄廷鑨被掘墓刨棺,枭首碎骨,尸体被悬吊在杭州城北关城墙上,示众三个月。此事牵连甚广,凡70余人,其中庄廷鑨之弟庄廷钺和潘柽章、吴炎等十余人被凌迟处死,史称"庄廷鑨《明史》案"。

潘柽章和吴炎遭受惨祸后,天下人既爱惜两人之才,又为他们的《明史记》未能成书而深感惋惜。

潘柽章所著除《明史记》外,还有《今乐府》《国史考异》《松陵文献》《杜诗博议》《星名考》《壬林韭溪集》等。

潘柽章和吴炎被害后,时在山西汾州的顾炎武悲痛不已,作了题为《汾州祭吴炎、潘柽章二节士》诗,是为:

> 露下空林百草残,临风有恸奠椒兰。
> 韭溪血化幽泉碧,蒿里魂归白日寒。
> 一代文章亡左马,千秋仁义在吴潘。
> 巫招虞殡俱零落,欲访遗书远道难。

诗中第二句中的"椒兰",指的是椒与兰,都为芳香之物,故以并称,指美好贤德者。第五句中的"左马",指史学家左丘明与司马迁。第六句中的"吴潘",指吴炎和潘柽章。第七句的"虞殡",指送葬歌曲。

潘耒(1646—1708),字次耕,号稼堂,潘凯的次子,潘柽章之弟,溪港人,资禀颖异,曾阅时宪历书,一过目即能背诵。长大成人后,群经诸史九流之书无所不读,文赋诗词无所不能,性好山水,往来燕赵之间,与同时代的名人交往,相讨题咏。

清康熙十八年(1679),潘耒以博学鸿儒征试,任翰林院检讨,纂修《明史》。受职后,他认为,明代更迭三百年,史事繁复琐碎,宜博采而精于考证。他分撰《食货志》兼订纪传，自洪武以下五朝之稿皆由其一手撰定。

康熙帝平定三藩后，潘耒献上《平蜀》《平滇》二赋，康熙帝大加称赏，公卿们也相互传诵。潘耒遂充任日讲起居注官，纂修《世祖实录》《圣训》，又任会试同考官，名声益盛，妒忌者也日益增多，终以"甄别议坐浮躁"降职，回归故里。后潘耒遍游罗浮、天台、雁荡、武夷、黄山、庐山、嵩山等名山，各记以诗文。清康熙四十二年（1703），康熙帝南巡，抵临平望，恢复潘耒的官职，并书元代赵孟頫《鱼乐楼》诗赐予潘耒，是为：

楼下南来水，清泠百尺深。

菰蒲终夜响，杨柳半溪阴。

日月驱人世，江湖动客心。

向来歌舞宴，达晓看横参。

康熙帝的御书临明代著名书法家董其昌的字而书。

清康熙四十四年（1705），康熙帝又南巡，再赐给潘耒手书御诗一首《赐翰林院检讨潘耒·御制虎跑泉》，是为：

松林带余雪，空山啼百舌。

石溜响涓涓，寒泉自清洁。

大学士陈廷敬欲推荐起用潘耒，潘耒力辞不去。

潘耒很重亲情，他年少时，依兄潘柽章避地韭溪，因浙江南浔庄史之事遭受牵连，兄长潘柽章被杀于杭州，嫂子沈氏与两个侄子都往北迁徙，这时嫂子有孕在身，潘耒从行数千里到辽宁广宁，嫂子生子后见子不活，遂服毒自杀。潘耒遂收嫂子的遗骨归乡。

潘耒笃于师门之谊，他曾受业于昆山顾炎武、长洲徐枋。顾炎武"学贯天人"，所著《日知录》及其他遗书数种，均为经世之作，潘耒一一为其刻印行世。徐枋坚守节操数十年，临死时，将遗孀孤

秦东园故居

孙托付给潘耒,潘耒为谋其生计,尽心竭力。

　　潘耒在史学上的成就,得益于兄长潘柽章,而在赋学上则全靠自己努力,所著诗文共三十卷,名《遂初堂集》。潘耒自从京师归乡,凡二十余年,六十三岁逝世。

　　溪港的望族还有秦氏,据清光绪《平望续志》上载,秦景昌、秦时昌、秦篁、秦彬、秦清锡、秦秉纯、秦毓华、秦钟瑞、秦丕烈、秦守诚等在江南均有一定名声。著名老中医秦东园也出生于溪港,中华人民共和国建立初期他与黄德亨、王二仁等创建平望联合医院,还在梅堰、秋泽、平南、溪港和胜墩五地建立妇幼保健站。现在,平望河西街上留有他的故居,为苏州市文物保护单位。秦东园的小儿子秦均天也是医生,至今还在发挥余热,为群众免费看病,被评为"中国好人"。

溪港的记忆流淌千年

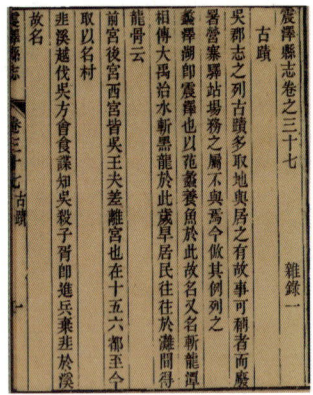

清乾隆《震泽县志》载韭溪

一

本人对溪港这块地方的兴趣是由一则故事引发的。

春秋战国时期,吴江这地方处在吴国与越国的交界之地,有"吴头越尾"的说法,而因为吴越之战而留下地名的,这韭溪看来是比较典型的。

公元前494年,吴越战争打响了。先是吴国打败了越国,越王勾践作为人质被囚于吴国所在地姑苏的灵岩山。当时,吴王夫差居功自傲,得美女西施后,营建馆娃宫,扩建姑苏台,沉湎于酒色。

姑苏台在太湖的北面,太湖是进攻吴国的有利地形。勾践就密令范蠡带兵暗卧在太湖东岸,于是,在平望溪港的一条无名小溪两岸,屯集着一支兵马,带兵的是越国的大夫范蠡。范蠡屯兵在溪港小溪河两侧,厉兵秣马,伺机反扑。

这时,吴国内部反生了事变。吴王的行为引起了大臣的不满,相国伍子胥多次劝谏,却反遭了杀身之祸,吴国从此就日趋衰弱了。

一日正近午餐,越兵以韭菜进饭时,谍报知吴国杀了伍子胥,越王就传令出击进兵。越兵速将菜、饭倒入小溪河中,整装出发。顿时溪河水面、水下,均见韭叶,小溪绿如碧玉。

越兵渡过太湖,从石湖上岸进攻灵岩山,进军神速。此时吴王夫差正在馆娃宫寻欢作乐,猝不及防,自刎身亡。

后人为纪念越伐吴屯兵于此,弃韭于溪的事迹,就将这里定名为韭溪。清光绪《平望续志》有这样的记载:"韭溪,越伐吴,方会食,谍知吴杀子胥,即进兵,弃韭于溪,故名。"韭溪与水华港后合称为溪港。

溪港这小村,就这么列入了史册,并且在历史的长河里流淌了两千多年。打开吴江的方志,我们可以了解溪港的历史,了解溪港曾经有过的不平凡的过去。

古代有一种对地方或人物的表彰,是立牌坊,这也是古代王朝、官吏为宣扬其政治主张、道德伦理、整饬吏治、淳化民风的一种特有形式。溪港这村落虽小,但历史上有三座牌坊,记录着这小村的荣耀:为吴璠立的荣贵坊,为吴鏊立的进士坊,为吴銮立的登科坊。

既然有牌坊,这三个人物也就登场了。吴璠,于明朝景泰七年(1456)在乡试中得了第一,中了举人后进了太学,也就是当时的高等学府,后来授中书舍人,再后来在工部掌管六个营造厂,参与了陕西的救灾,办事公正。吴鏊在成化二十三年(1487)中进士,是吴璠的侄子,当过吏部员外郎和武库司郎中,居官清廉勤政。吴銮是吴鏊的弟弟,成化二十二年(1486)中举人后隐于乡里,没有去做官。三人为溪港，特别是为溪港的吴氏家族光宗耀祖了。他们因为参加科举而留名史册，可以看出当时"唯有读书高"的印迹了。

时过境迁，如今在溪港却很少有人知晓吴氏，人们讲起大姓，就知道李家和秦家。一进村，就有人能指出李家和秦家的房屋所在。

从史书上查得，清朝以来，溪港的秦氏中确实出了不少读书人，形成了溪港的特色文化，我们可以随手举上几例：

秦景昌：乾隆年间曾受聘修县志，著有《禹贡考略》。

秦时昌：有陆龟蒙遗风，著有《韭溪渔唱集》《咏梅集》。

秦篁：赋诗有豪气，精通医道，著有《粤游草》《燕市歌》《淮扬杂咏》《卷帆集》及《一字千金》医论。

秦彬：工草书，曾仿"草圣"朱迦陵《汇辨例书》《草书备考》累百卷，著有《事物别名类纂》《诗经纂注》《巴人诗集》《八行录》。

秦清锡：工制举业，一日能成数艺，著有《匪莪集》《耻耻山房集》《历代纪年类编》。

秦钟瑞：一生爱好诗词，晚年双目失明，遗稿尽佚，《留爪集》后附有其诗。

秦丕烈：学诗、学画、学医，有诗刻入《留爪集》。

秦守诚：精研岐黄诸家，著有《湿温萃语》《针砭证源》《内经度蒙》。

近代吴江名中医秦东园，从祖父秋农公、父亲澜伯公到他本人三代从医，也是从溪港朱家港迁到平望镇上的。

历史的长河在向前流淌，我们在溪港只能寻得一些遗痕，东林桥、大庆桥、刘猛将军庙，还有那墙壁斑驳的旧房子，依河而建的石驳岸……加上他们的文字，应该是不可多得的历史文化遗产，从中我们兴许会读出些什么。

清道光《平望志》载韭溪坊表

清道光《平望志》载秦时昌

清光绪《平望续志》载秦丕烈

清光绪《平望续志》载秦守诚

朱天麟（文靖）像

二

史料记载，南明的礼部尚书兼东阁大学士朱天麟是溪港人。

朱天麟当上了东阁大学士兼尚书，地位尊崇，为皇帝起草诏令，批答奏章，虽无宰相之名，却有宰相实权，号称辅臣。笔者看过不少吴江当官人的资料，朱天麟是当得比较苦的官员之一，因为他所服务的政权是南明政权，而南明史，是汉民族一段不堪回首的历史，腐败、背叛、内讧……汉民族最悲哀的种种，似乎都在那个时代最大限度地呈现出来，令人们"哀其不幸，怒其不争"。

朱天麟的上辈都是种田的农民，他年轻时志向很高，发奋努力，勤于致学。在昆山拜了师父后，入赘昆山，因此有的史书就说他是昆山人。明万历四十六年（1618）考中举人，崇祯元年（1628）考中进士，担任了饶州府推官，饶州府地在鄱阳（今江西波阳）。在饶州时，他做官有政绩，公务之余，还进行讲学，得到老百姓爱戴，后来当地有三个地方为他建了祠堂。朱天麟在崇祯十一年（1638），经过考试进入了翰林院，但是当时官场风气败坏，朱天麟虽然有才华但没有行贿，进京后，便被礼部所压制，只补了个兵部武选主事，主事是司官的最低一级官员。他没当几年官，国家发生了翻天覆地的变化，1644年，李自成率农民军攻入北京，崇祯皇帝在煤山（今北京市景山）自缢而死，明朝灭亡后，他到了广东。

《粤事记》有如此记述：

朱天麟，昆山人；出自羽衣，庚辰进士。是时，以知推行取高等，竟入翰林。丙戌九月，由闽入广，独携家属，舟过肇庆，会永历登极。诸臣适欲觅一老词臣为朝端重，共迎之。天麟绝维而去，变姓名，隐居广西太平府之云山。

从中可以看出，他当时在明朝是有一定威望的，但永明王第一次召他时，他没有上任。到了第二年，朱天麟又接到了诏书，还给了一个不小的官职：礼部尚书兼东阁大学士。这样，他就不能不出山了。

当时，朱天麟他们的目的是抵抗清军。他们的行动中值得一提的是与大顺、大西等农民军的联合，《南明史》中是如此记述的：

在危机日益深重的情况下，南明朝廷（从隆武政权开始）中一些有识之士看到了只有联合原大顺、大西农民军共同抗清才有复兴的希望。其中的代表人物就是大学士堵胤锡、朱天麟、王化澄等人。

正因为大顺军余部在湖广战场、大西军余部在西部战场，才使得许多小股农民军在各地取得了震撼全国的战果，开创出抗清斗争的崭新局面；南明官绅联合和依靠他们就取得胜利，阻碍和破坏联合必然招致失败，在这一点上，朱天麟他们是很聪明的。

然而尽管官大，尽管被永明王所信任，他还是实现不了志向。永明王为人懦弱寡断，昏庸无能，朱天麟几次上疏，请永明王亲自率军队参战，不要失去当前的良机，永明王都没有采纳。在李成栋的儿子李元胤封南阳伯、掌握大权后，当时的权臣袁彭年、丁时魁、金堡等气焰嚣张，朱天麟与他们合不到一起，他们容不下朱天麟。永历二年（1648）八月，迫于形势，朱天麟提出辞官，永明王挽留再三，朱天麟去意已决，叩着头，哭泣着向王拜别。永明王也哭泣着说:"你去了,我更加孤单了。"永明王如此软弱,成不了气候。

到了永历四年(1650)正月,清兵陷韶州,永明王身边的人派出的派出,走人的走人,永明王就又召朱天麟入朝。九月,朱天麟晋升为东阁大学士。永历五年(1651)五月,清兵逼近,奉命主管左右二江土司,以为勤王之助。兵还没有集成,清兵逼近南宁,永明王仓皇出走,朱天麟当时正生病,但还是扶病跟着永明王。永历六年(1652)正月,永明王抵达广南,驻兵安龙,此时,朱天麟病情加剧,八月死于广南府西坡屯。

朱天麟官位显赫,吴江人中很少有人当得这样的大官,但是还是壮志未酬。死后诏赠少保,赐谥文靖。朱天麟有两个儿子,一子朱宿垣,曾任监察御史;另一子朱斗垣,封鞏昌王。

说他愚忠也好,说他傻冒也罢,那个时候的官员,就是这样。黄宗羲为他写了墓志,他也成了溪港的一个代表人物。

三

清初的溪港,是个景色优美的鱼米之乡,光绪《平望续志》记载了"韭溪八景":

平沙落雁　芦渚新涨　远浦归帆　溪桥晚眺

东林精舍　龙舌渔翁　唐塔灵祠　耕读夜泊

明朝灭亡后,江南的文人有的举旗反抗,有的出家为僧,有的隐逸避世,朱天麟是出去了,而在溪港这太湖之滨的古村落里,则曾隐居过一批明朝遗民,其中还有个传奇人物潘耒。

2000年上海辞书出版社出版的《辞海》条目中是如此介绍潘耒的:

潘耒(1646—1708),清学者,字次耕,又字稼堂,吴江人,师事顾炎武,博涉经史及历算声韵之学。康熙时举博学鸿词,授检讨,

潘柽章像

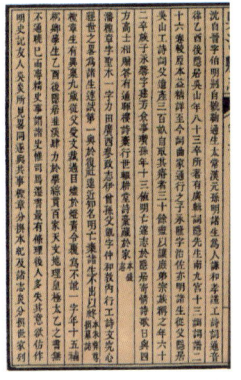
清乾隆《吴江县志》
载潘柽章

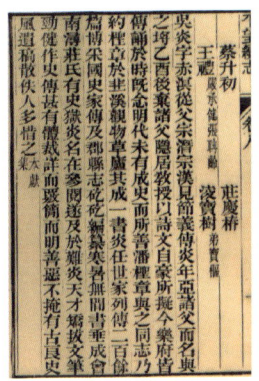
清光绪《平望续志》
载吴炎

参与纂修《明史》。散文颇多论学之作，也能诗。有《类音》《遂初堂诗集、文集、别集》等。

潘耒是跟着他的哥哥潘柽章隐居溪港的。

潘柽章，字圣木，号力田，生有异禀，颖悟绝人。潘柽章有个好朋友叫吴炎。吴炎，字赤溟，又字如晦，号愧庵，明亡后更号赤民，隐居教授，以诗文自豪。清兵入关，曾遁迹湖州山中。

潘、吴两人情趣相投，结成莫逆之交，好得如影随形，对清军侵犯大明江山，杀害大明百姓，愤慨不已。明亡后，两人心怀故国，不肯在清朝做官。当地大吏仰慕二人声名，保荐二人为"山林隐士"，应征赴朝为官，二人誓死相拒，大吏不敢再逼。后来又有一名大吏保荐他俩为"博学鸿儒"，二人眼见若再相拒，显是轻辱朝廷，不免有杀身之祸，于是相邀隐居于平望韭溪观物草庐，博览群籍，综贯百象，天文地理皇极太乙之学，靡不通晓。他们过着躬耕陇亩的生活，也常在一起谈词弄赋，吟诗作画。潘柽章曾写有《卜居韭溪》诗：

物情欣解冻，我意在寒冰。
三径霜前菊，扁舟雪夜镫。
流离存卷帙，贫病倚良朋。
喜得南村伴，相携醉石藤。

清顺治四年（1647）某日，因吴炎家中有丧事，潘柽章前往吊唁。相聚间，两人一起饮酒论诗，从《春秋》《诗经》谈起，一直谈到明代的文人志士，一谈谈出了一个效法司马迁、班固，合撰一部《明史记》的计划。

当时隐居在溪港附近唐家湖的好友叶继武等人结起了"惊隐诗社"（亦称"逃社"），以其文、其诗表达反清思想。潘柽章、吴炎也就参加了。他们利用"惊隐诗社"频繁相聚，《明史记》也有了较大进展，还得到了当时名士昆山顾炎武、江阴李逊之、苏州陈济生、常熟钱谦益、吴江钮琇等人的赞同和热情帮助。他们怀纸吮笔，早夜矻矻，勤奋不懈，写下的书稿堆满了床头，装满了箱子。

可是，在康熙二年（1663），正当潘柽章等的《明史记》将成稿时，清廷大兴"文字狱"，浙江南浔出了个"《明史》案"，这本书与潘柽章、吴炎没有关系，但因为他们有名声，南浔的这本《明史》校阅名单中有他俩，这真是飞来横祸，二人被清廷拘捕，在杭州被杀。《明史》稿被焚，著述数年、稿成七八的一番心血被付之一炬。

顾炎武很看重潘、吴两人的气质，写下了《汾州祭吴炎、潘柽章二节士》诗，为潘、吴两人葬身"文字狱"深表痛憾。

我们不说这两人，就说潘耒。潘耒与兄柽章避地韭溪，潘柽章遇害后，潘柽章的妻子沈氏和两个儿子都被流放北方。当时，沈氏有身孕，潘耒就跟从数千里，到了广宁，沈氏生下个儿子但没有成活，沈氏也饮药自杀了。潘耒收嫂嫂的遗骨回到了家乡。到了家乡，他就变姓名为吴琦，字开奇，奉母亲到苏州灵岩山中避难。

潘耒像

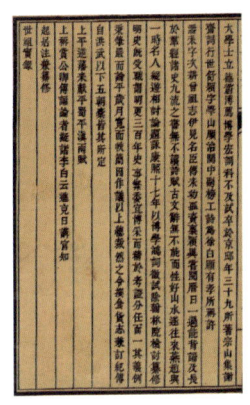
清乾隆《吴江县志》载潘耒

潘耒后来拜了顾炎武为师，对老师的思想学说十分敬重钦佩。而顾炎武对其亦很器重，外出游历常将其带在身边，使其大开眼界，学识频增。他平生做了一件为世人所看重的事，就是将顾炎武的《日知录》善本32卷携至福建，在他朋友汪悔斋的帮助下，以卖山所得的资金，于康熙三十四年（1695）在福建建阳刊刻，使顾炎武的学识传世，我们现在能看到顾炎武的"天下兴亡，匹夫有责"等名句，还真是靠了这在溪港隐居过的潘耒。

说潘耒是个奇人物，不仅在于他在潘柽章的案件中能脱险，而且后来竟能因《平蜀》《平滇》二赋，得到康熙皇帝的赞赏。康熙南巡，他曾作为随员。康熙四十二年（1703），康熙帝南巡经过吴江时，书了元代赵孟頫《鱼乐楼》一诗赐予潘耒。

康熙四十四年（1705），康熙又南巡，赐潘耒《御制虎跑泉》一诗。

四

历史的长河在向前流淌,如今在溪港,已找不到吴璠、吴鋆、吴銮的牌坊,找不到朱天麟、潘柽章、吴炎、潘耒的遗迹,但是溪港古村落的风貌依存。

现存的溪港村,一条留着古名的河流韭溪将它一分为二,两岸民居、商铺依河而建,全长近百米,河上小桥沟通着两岸,是典型的江南小桥流水人家的景色。

一进入溪港村,当地人会满腔热忱地领你去看李家宅楼、周家大院、刘王庙,观东林桥、大庆桥,会津津乐道地给你讲李八爷、刘承忠,讲老周家的故事。

李家宅楼在村南,是民国时期的建筑,四大开间门面,砖木结构的二层楼房,玻璃大窗显示了当年的豪华。主人李恩常,人称李八爷,曾任吴江县参议员,在县里也有名声。周家大院坐落在古街的一条弄堂之中,很小的墙门洞里,隐藏着一个不小的庭院,木楼四围着天井,是典型的江南民居建筑,高大的雕门楼、精致的雕花,透露着周家的富足。

刘王庙,又称东林祠,祀元朝刘猛将军。刘猛将军名刘承忠,江南地区农作物是命根子,而有蝗虫危害农作物,给老百姓带来了灾难,这刘承忠就带领百姓驱逐蝗虫,消除灾难。他得到了百姓的爱戴,死后,江南各地都建庙祭祀他。吴江一带都有祭刘王的风俗。正月十三,乡人在田中立长竿,用蒿筱夹爆竹缚在上面,旁边设立刘猛将军的神位,香烛果品罗列,更有赞神曲,一边拜一边唱,四周金鼓的声音不断。不少好事的人,买了各种鞭炮远远地向长竿射去,称为"打田财"。从黄昏一直到半夜,也有的到天亮。溪港的刘王庙建于元代,原先庙宇的规模较大,有十几间庙舍和参天的古银杏树。

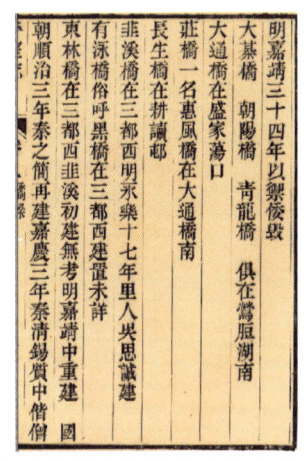

道光《平望志》载韭溪桥和东林桥

桥,是古村的记录和象征,东林祠边的东林桥,拱形单孔,花岗石砌成。初建无考,后来被水冲毁,明嘉靖二十四年(1545),当地人钱严出资修建,清顺治、嘉庆年间两次重修。桥南向对联为"浩渺波光涵笠泽,参差帆影接莺湖"。北面有韭溪桥,又名大庆桥,明永乐十七年(1419)里人吴思诚建,民国十一年(1922)由丝商各界捐资重建。桥上的对联为"水通笠泽波光远,地接枫江秀气多"。韭溪桥西北就是太湖,史志上记有秦元文的《溪桥晚眺》诗:

渔唱声中月上迟,全湖烟水吐吞时。

寻诗夜梦桥边坐,七十二峰来索诗。

溪港的记忆,记录着溪港的灿烂,如果让这记忆通过古村的修复,通过古籍的整理恢复起来,那么这溪港也不失为一个历史文化名村,不失为一个旅游、采风、休闲的好去处。

(俞前 撰文)

二 方志载溪港景物

韭溪①

韭溪,越伐吴,方会食②,谍知吴杀子胥③,即进兵,弃韭④于溪,故名。

(录自清乾隆《震泽县志》)

韭溪,越伐吴,方会食,谍知吴杀子胥,即进兵,弃韭于溪,故名。

(录自清光绪《平望续志》)

注:

① 韭溪:今平望镇溪港村,因吴越春秋时越国遣军于此,忽接攻吴命令将正食韭菜米饭抛于溪中而得名。

② 会食:相聚进食。《史记·淮阴侯列传》:"令其裨将传飧,曰:'今日破赵会食!'"

③ 子胥:吴国相国伍子胥。

④ 韭:指越国兵士正在进食的韭菜。

乡里考

秦景昌①

松陵之名，始见于《吴越春秋》，所谓越攻吴，兵入于江阳②松陵是也。平望之名，始于汉钱林弃官隐居于平望乡是也。自秦至唐初，松陵地属吴，平望地属乌程。开元末，吴乃割太湖洞庭三乡易乌程之平望，盖自平望驿西至南浔五十余里皆易之，而平望亦属吴矣。吴江县之置，见于《吴越备史》③，梁开平三年，从吴越王钱镠请割吴县南地置吴江县，《嘉兴府志》亦云，梁开平间，置吴江县，又分嘉兴之北境与焉。潘柽章《松陵文献》，严墓旧属秀州④，则严墓以南地当即嘉兴北境分入吴江者也。

韭溪之名，见于吴江旧志：越伐吴，方会食，谍知吴杀子胥，即进兵，弃韭于溪，故名。晋（编者按：应为三国吴）虞仲翔⑤云：太湖东通常州（编者按：应为长洲⑥）松江，南通乌程雪溪，西通义真（编者按：应为义兴⑦）荆溪，北通晋陵⑧滆湖，东南连嘉兴韭溪。是韭溪列在五湖之内，不与七十二港并论矣。又考徐屈二志⑨载，韭溪八景云"耕读夜泊""莺湖秋月"，可见韭溪直至平望之南数十里，而平望西南旧属乌程，平望之东南旧属嘉兴，雍正四年，又分吴江县之西偏置震泽县，广八十一里，周三百六十八里，今观新志，仅以溪港里许⑩之地为韭溪，于旧志所载在韭溪者不曰无考，则曰旧误不亦疏乎。余恐久而无稽，故备录之，俾后之君子得有考焉。

（录自清道光《平望志》）

清道光《平望志》载《乡里考》

注：

①秦景昌：生卒年不详，字曦芬，号闻史。清震泽韭溪（今吴江平望溪港）人。博学，乾隆初聘修邑志，采访详慎，乡僻幽隐多所阐发。著有《禹贡考略》一卷，杂文二卷。

②江阳：江，吴淞江；阳，水之北。

③《吴越备史》：载钱镠以下累世事迹，旧本题宋武胜军节度使掌书记范坰、巡官林禹撰。后附《补遗》一卷，则不载作者名氏。考陈振孙《书录解题》，载钱俶之弟俨，著《吴越遗事》，有开宝五年（972）序。又谓《吴越备史》亦俨所作，托名林范。

④秀州：今浙江嘉兴。

⑤虞仲翔：即虞翻(164—233)，字仲翔，会稽余姚(今浙江余姚)人，日南太守虞歆之子，三国时期吴国学者、官员。

⑥长洲：旧县名，现属江苏苏州。

⑦义兴：古县名，县治在原义兴郡郡城(今江苏宜兴市)，宋避太宗赵光义讳改宜兴。

⑧晋陵：古县名，治所在今江苏常州市。

⑨徐屈二志：指明代徐师曾编纂的明嘉靖《吴江县志》和明末清初屈运隆编纂的清康熙《吴江县志》。

⑩里许：里面，里头。许，助词。

溪港桥梁

韭溪桥

韭溪桥,在三都西,明永乐十七年①,里人吴思诚建。

(录自清道光《平望志》)

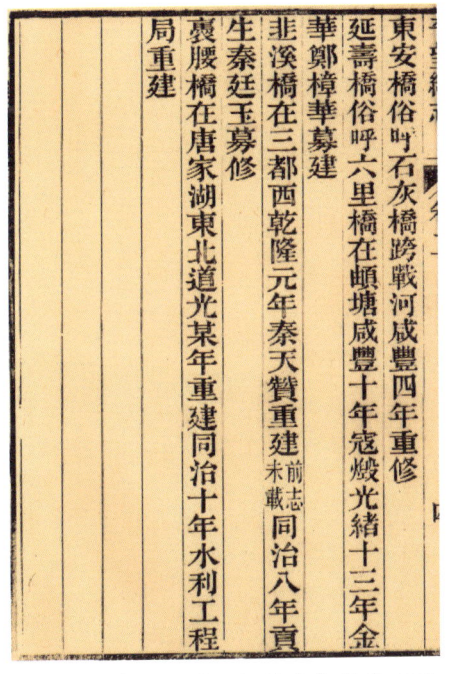

清光绪《平望续志》载韭溪桥

韭溪桥，在三都西，乾隆元年②，秦天赞重建（前志未载），同治八年③，贡生秦廷玉募修。

（录自清光绪《平望续志》）

东林桥

东林桥，在三都西韭溪，初建无考，明嘉靖中重建。国朝顺治三年④，秦之简再建。嘉庆三年⑤，秦清锡质中偕僧月江募捐重修。

（录自清道光《平望志》）

注：
① 永乐十七年：1419 年。
② 乾隆元年：1736 年。
③ 同治八年：1869 年。
④ 顺治三年：1646 年。
⑤ 嘉庆三年：1798 年。

溪港坊表

荣贵坊

荣贵坊,在三都西韭溪。景泰七年①,知县刘彪为举人吴璠②立。

登科坊

登科坊,在三都西韭溪。成化二十二年③,知县孙显为吴鎏④立。

进士坊

进士坊,在三都西韭溪。成化二十三年,知县孙显为吴鎜⑤立。

（录自清道光《平望志》）

注：
① 景泰七年：1456年。
② 吴璠：明景泰七年在乡试中得第一,后进太学,授中书舍人。
③ 成化二十二年：1486年。

④ 吴鋆:明成化二十二年(1486)中举人,后隐于乡里。
⑤ 吴鏊:1452—1499年,字汝砺,明成化十三年举于乡,巡抚王恕器重之。成化二十三年成进士,授兵部主事。历员外郎,又进武库司郎中。著有《懒溪集》等。

韭溪八咏

一曰溪桥晚眺,二曰龙舌渔翁,三曰东林精舍,四曰唐塔灵祠,五曰沈望烟林,六曰平湖雨霁,七曰湖浦帆归,八曰沟渎夜泊。以上吴本定。

(录自明嘉靖《吴江县志》)

韭溪八景诗

秦元文[①]

平沙落雁

来宾万里稻粱谋,
莽莽平沙落照留。
好向西风调一曲,
携琴独上最高楼。

芦渚新涨

芦滩遥指涨痕新,
应有河豚上钓轮。
好趁东风天上坐,
野花红点一篷春。

远浦归帆

湖山苍苍烟霭霭,
归云四面兜篷背。
倏浓倏淡倏有无,
米颠②之画斜阳绘。

溪桥晚眺

渔唱声中月上迟,
全湖烟水吐吞时。
寻诗夜梦桥边坐,
七十二峰③来索诗。

东林精舍

惯集骚坛朋酒来,
焚香埽④地绝尘埃。

十年宰相浑闲事，
多事蹲鸱⑤寒夜煨。

龙舌渔翁

滩嘴尖平龙舌名，
网船小泊晚天晴。
一蓑一笠寻常用，
到得渔家便有情。

唐塔灵祠

唐湖唐塔唐田港，
唐氏当年大有为。
今日祠中勤报赛，
故家何处访兴衰。

耕读夜泊

牧童吹笛月初上，
村塾横经镫乍明。
莫厌篷窗频聒耳，
绕村都是吉祥声。

（录自清光绪《平望续志》）

注：
① 秦元文：平望溪港人。
② 米颠：指北宋书画家米芾。
③ 七十二峰：指太湖诸峰。
④ 埽：通"扫"。
⑤ 蹲鸱：指大芋头，因其形状似蹲伏的鸱鸟，故称。

·附·

远浦归帆[1]

陈旻[2]

极浦茫茫水接天,
行人争趁泛归船。
风头正喜一帆顺,
樯顶从教三两偏。
水鸟骇飞移别渚,
沙禽惊起破昏烟。
到家遥指无多路,
楼阁参差烟树边。

（录自清道光《平望志》）

注：
① 远浦归帆：既为"韭溪八景"之一，也为"平望八景"之一。
② 陈旻：生卒年不详，即陈克礼，明吴江平望人，著有平望八景诗。

远浦归帆

释希复

天际竞高悬,
风来易后先。
岂同江上杂,
似向剡中①连。
但少青山色,
殊多夕照鲜。
何边是归处,
日乱广川前。

（录自清道光《平望志》）

注：

① 剡中：指剡县一带。南朝宋谢灵运《登临海峤初发疆中作与从弟惠连可见羊何共和之》诗："暝投剡中宿,明登天姥岑。"唐李白《秋下荆门》诗："此行不为鲈鱼鲙,自爱名山入剡中。"

远浦归帆

王克谐[①]

沙际起眠鸥,
轻船疾于骏。
片帆挂长风,
万顷应一瞬。

（录自清道光《平望志》）

注：

[①] 王克谐：生卒年不详，字季和，明吴江人，王忠季子，县学生，工诗。著有《王克谐遗稿》。

远浦归帆

马天闲①

水阔天空飞落晖,
征帆片片逐风归。
一湾疏树烟初暝,
两岸人家半掩扉。

（录自清道光《平望志》）

注：
① 马天闲：生卒年不详，字犹龙，号菊窗，清吴江平望人，读书过目成诵，善医工诗。著有《菊窗集纪略》。

游唐塔庙记

秦景昌

岁甲子，汀震两邑侯奉旨修辑邑志，余亦附采访之末。三都西地方，旧有张清夫①者，讳渊，元皇庆②中荐举，欲考其邱陇③、访其后、嗣而不可得，往来者数矣。乙丑新正，复往焉拜字。圩姓张颇多，皆务农桑、习工贾，即问其高曾④，已茫然不省其何若，况四五百年以前者乎？返而憩于近之唐塔庙。唐塔庙者，韭溪八景之一，载在邑乘。乡之父老往往游息于中，讲说故实之所也。时薄午，遇一钱姓及庙祝，皆负暄⑤于牖⑥下，见余入，皆起，延余偕坐问余姓氏，今所以至止之故。余以实告钱氏曰：此地未闻有姓张而居高官者，有之则子孙必乐为扬厉⑦，而故老亦时有传闻，虽然，是不可不就姓张者访之也。余颔⑧之因，询此庙之建始及称唐名塔之故。钱曰：幼尝闻之吾祖，昔有姓唐而位巡漕者，实居邻圩，田连阡陌，亭堂遍圩，建塔于此，而搆⑨庙于傍两圩之浒，复建石梁⑩以往来，今田中培塿，塔之址也。庙外巨石，桥之迹也，邻圩之上，中田有井，瓦砾载途⑪，屋宇广大之验也。昔庙几颓，有求得其正梁，而重新庙貌者，造作瑰丽之证也。余曰：有碑碣可稽乎？钱曰：闻有大小二碑，小碑上载庙后为坛基，其田若干，里人久矣，毁而有之矣。好事者据碑而鸣于官，于是恐，而二碑俱瘗⑫于墙下。噫，因之有感矣。邑有唐家湖、唐家田、唐家港，而此庙又以唐传唐，固大有人矣。若巡漕者邱陇何在，后嗣何存，徒令人流连往事，感慨唏嘘。欲考其名氏，几等诸循蜚⑬葛天⑭之渺，向之鸟革翚飞⑮，未云而龙，

清道光《平望志》载《游唐塔庙记》

一变而为黍离[16]稷实,凭而弔之,漠然徒见山高而水清,岂不痛哉!向使[17]巡漕当日苟能敦礼教崇仁让[18],砥砺廉隅[19],不自侈其富,有以傲物,则虽岁月云遥,未必寂寂若斯之甚也。彼张清夫者,虽不得其邱陇,后嗣犹有,里居年代以自见,不可谓不幸矣。然又乌知后之视今不犹今之视昔乎,其邑志之不可不修,而两侯之为吾邑人,虑诚深且远也,故为之记,以俟乡先生之博古者考焉。

(录自清道光《平望志》)

注：

① 张清夫：即张渊（1264—?），字清夫，号心远，又号用拙道人。元吴江人。皇庆中以荐为东省提举。博学好古有诗名，尤工书法，曾学书于赵孟頫。著有《心远堂集》等。

② 皇庆：元仁宗的年号。

③ 邱陇：坟墓。

④ 高曾：高祖和曾祖。

⑤ 负暄：冬天晒太阳取暖。

⑥ 牖：窗户。

⑦ 扬厉：发扬光大。

⑧ 颔：点头。

⑨ 搆：同"构"。

⑩ 石梁：石桥。

⑪ 载途：满路，有遍地的意思。

⑫ 甃：砌。

⑬ 循蜚：亦作"循飞"，传说太古时代十纪中的第七纪。

⑭ 葛天：葛天氏，上古部落首领。

⑮ 鸟革翚飞：革，鸟张翅；翚，羽毛五彩的野鸡。如同鸟儿张开双翼，野鸡展翅飞翔一般。

⑯ 黍离：指东周大夫经过故都镐京伤感而作，多用作哀叹。

⑰ 向使：假使，假如。

⑱ 仁让：仁爱，谦让。《后汉书·儒林传·孙期》："远人从其学者，皆执经垄畔以追之，里落化其仁让。"

⑲ 砥砺廉隅：指磨炼节操。宋苏轼《刘有方可昭宣使依旧嘉州刺史省内侍押班制》："砥砺廉隅，有搢绅之风。"

黄雀

黄雀,每岁八九月谷熟时来集于田,谋稻粱也。土人罗得之,味极腴美(沈彤《吴江县志》①),韭溪尤胜。

(录自清光绪《平望续志》)

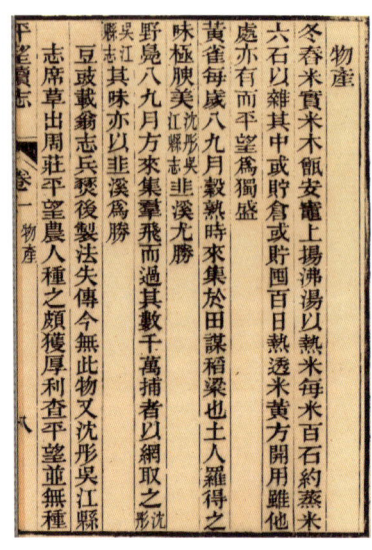

清光绪《平望续志》载韭溪物产

野凫

野凫②,八九月方来集,群飞而过,其数千万,捕者以网取之(沈彤《吴江县志》),其味亦以韭溪为胜。

(录自清光绪《平望续志》)

注:
① 沈彤《吴江县志》:指清乾隆《吴江县志》。
② 野凫:野鸭。

三 典籍方志载溪港人物

清道光《平望志》载秦楷

秦 楷

秦楷,字文宇,韭溪人,硕德惇行。天启间,邑令刘时俊荐举乡饮宾①。同里②陶元亭以族人朗先赃款被累,尝以田屋质楷三千金,贫莫能偿,楷即焚其契券,而以原产与之。

(录自清道光《平望志》)

注:

① 乡饮宾:乡饮酒礼的宾介。周制,乡饮酒礼举乡里处士之贤者为"宾",次为"介",又次为"众宾"。其后历代相沿,名称不尽相同。明清时又有"宾"(亦称"大宾")"僎宾""介宾""三宾""众宾"等名号,统称"乡饮宾"。

② 同里:同乡。

清道光《平望志》载潘凯

潘 凯[①]

潘凯,字岂凡,号仲和,父锡祚(见别录)。凯敦内行,工诗文,究心[②]经世之略,为诸生[③],连试第一。与于复社娄东张受先[④]亟称[⑤]之。明亡,弃诸生,不出以终。所著有《平望志》《本草类方》《贻令集》。

(录自清道光《平望志》)

注:

① 潘凯:1606—1651年,潘锡祚之子,潘柽章、潘耒之父,明末吴江人。

② 究心:专心研究。

③ 诸生:古代经考试录取而进入中央、府、州、县各级学校,包

括太学学习的生员。生员有增生、附生、廪生、例生等,统称诸生。

④ 张受先:江苏太仓人,明末与张溥一起举复社。

⑤ 亟:屡次。称:称赞。

清道光《平望志》载潘柽章

潘柽章①,字圣木,号力田,父凯(见《文苑传》)。柽章生有异禀,九岁从父受文,裁过目,烬于灯,责令复写,不讹一字。年十五,补桐乡县学生。乙酉后,隐居韭溪,肆力于学。综贯百家,天文地理、皇极太乙之书无不通晓。已乃专精史事,谓诸史惟司马迁书最有条理,后人多失其意,欲仿作《明史记》。友人吴炎所见略同,遂与共事。柽章分撰本纪及诸志,炎分撰世家列传,其年表历法则属之王锡阐②,流寇志则属之戴笠③。私家最难得者实录,柽章鬻产购得之。而昆山顾炎武④、江阴李逊之⑤、长洲陈济生⑥皆熟于掌故,家多藏书,并出以相佐。柽章长于考核,炎长于叙事,互相讨论。间出其稿质之常熟钱谦益⑦,谦益善之,叹曰:"老夫耄矣,不图今日复见二君!"悉畀以绛云楼⑧焚余诸书。谦益先有《实录辨证》,柽章作《国史考异》,颇加驳正,数遗书往来,谦益不能夺也。撰述数年,其书已成十之六七,会南浔庄氏史狱⑨起,参阅有柽章及炎名,俱及于难。庄氏书以故阁臣朱国祯⑩《史概》为粉本,自与其乡人足成之,两人未尝寓目,徒以名重,为所摭引,遂罹惨祸。天下既惜两人之才,又惜其书之不就,并所撰者亦不传也。柽章被逮,阳阳如平时,在狱中赋诗不辍。康熙二年六月,死于杭,年三十八。柽章广额秀眉,目光炯炯射人,论事须髯戟张,事亲孝,与人忠好义若渴,疾恶如仇,所著自史稿外,有《今乐府》《国史考异》《松陵文献》《杜诗博议》《星名考》《壬林韭溪集》,凡若干卷。

(录自清道光《平望志》)

注：

① 潘柽章：1626—1663年，字圣木，号力田，吴江平望镇溪港人，15岁补县学生员，明亡后，隐居故里，著《国史考异》《松陵文献》。与吴炎、王锡阐撰《明史记》，书成十之六七时，因浙江南浔庄廷鑨《明史》案发，遭逮捕，被害于杭州。所著《松陵文献》等由其弟潘耒编入《遂初堂集》。

② 王锡阐：1628—1682年，字寅旭，号晓庵，一号天同一生，又号余不。明末清初吴江震泽人。博极群书，尤精历象之学，兼中西之长，自立新法，用以候日月食颇密。其学与梅文鼎并称精确。为人耿介拔俗，诗文峭劲有奇气。著有《晓庵新法》《五星行度解》《晓庵先生文集》三卷、《晓庵先生诗集》二卷、《晓庵遗书》四种十五卷等。

③ 戴笠：1614—1682年，字耘野。初名沈鼎立，字则之，明末清初吴江同里人。诸生。孤贫力学，文行炳著。浑厚笃诚，与人居温温终日，而志节凛然。入清后入秀峰山为僧，后返居同里。采朝报杂史，参以见闻，著述不倦，炊烟时绝。著有《寇事编年》《殉国汇编》《骨香集》等。

④ 顾炎武：1613—1682年，明末清初苏州府昆山（今江苏省昆山市）人，著名思想家、史学家、语言学家，与黄宗羲、王夫之并称为明末清初"三大儒"。

⑤ 李逊之：明朝人，生卒年不详，系明末东林党领袖、大臣李应升之子。

⑥ 陈济生：明末清初江苏长洲（今属江苏苏州）人，著有《天启崇祯两朝遗诗》《再生纪略》等。

⑦ 钱谦益：1582—1664年，字受之，号牧斋，晚号蒙叟、东

洞老人,苏州府常熟县(今江苏省苏州市常熟市)人,明末文坛领袖,与吴伟业、龚鼎孳并称为"江左三大家"。

⑧ 绛云楼:钱谦益、柳如是夫妻的居所,也为藏书楼。

⑨ 南浔庄氏史狱:即庄廷鑨《明史》案,又称"庄氏史案",系清顺治、康熙时文字狱之一(详见本书"溪港纵览"辑《漫谈溪港古村落》)。

⑩ 朱国祯:1558—1632年,浙江吴兴(今浙江湖州)人,字文宁,号平涵。明万历首辅大臣。天启四年(1624),总裁《国史实录》。在任时能体恤民情,为浙江赋役不平,提出平均法,计亩定役,使贫者不至重负。万历三十六年(1608),湖苏洪灾,朱上疏而解民困。在朱力请下,荻塘重修。一生著述甚丰,主要有《明史概》《大政记》《涌幢小品》《皇明纪传》等。

《清代学人列传》载潘柽章

(潘柽章)生有异禀,颖悟绝人。九岁从父受文,裁过目,烬于火,责令复写,不遗一字。

年十五,补桐乡籍诸生。乱后弃去,隐居韭溪,肆力于学。综贯百家,天文地理皇极太乙之学靡不通晓。已而①专精史事。念明兴三百年间,明君贤辅,政教礼乐制度文物大备,无有能如太史公②叙述论列成一家言者。而友人吴炎所抱略同,因相约共纂《明史记》。先定为目,凡得纪十八、书十二、表十、世家四十、列传二百。力田③撰本纪及诸志。炎分任世家、列传。其年表历法则属诸王锡阐。流寇与夫殉节诸臣则属诸戴笠。私家最难得者实录,力田鬻产购得之。

而昆山顾炎武、江阴李逊之、长洲陈济生,并熟于掌故,且多藏书,悉出以相佐。间偕炎出其稿以质虞山钱谦益,谦益大善之,叹曰:"老夫耄矣,不图今日复见二君!绛云④余烬尚在,当举以相付。"遂连舟载归。谦益有《实录辨证》,力田作《国史考异》,颇加驳正,数贻书往复,谦益弗能夺也。撰述数年,史行成十之六七,而南浔庄氏狱起。参阅庄书,列君及炎名,乃俱及于难。实则庄氏取朱国祯《史概》为蓝本,两君俱未寓目;徒以名重,为所牵引,致罹惨祸,论者惜之。所著惟《国史考异》六卷刊于潘氏《功顺堂丛书》,《国榷》百卷,系《明史记》初稿,仅有传抄之本,已征入明史馆。余若《松陵文献》《杜诗博议》《星名考》《壬林韭溪集》,复若干卷,存没均无从咨访⑤矣。

注:
① 已而:不久,后来。
② 太史公:司马迁。
③ 力田:潘柽章号力田。
④ 绛云:钱谦益的藏书楼名。
⑤ 咨访:咨询访问。

吴 炎①

吴炎,字赤溟,从父②宗潜、宗汉(见《节义传》)。炎年亚③诸父,而名与之埒④。乙酉后,弃诸父隐居教授,以诗文自豪。所拟今乐府皆传诵于时。既念明代未有成史,而所善潘柽章,与之同志,乃约柽章于韭溪观物草庐,共成一书。炎任世家列传二百余篇,博采国史家传及郡县志,矻矻⑤编纂,寒暑无间,书垂成,会南浔庄氏有史狱,炎名在参阅,遂及于难。炎天才矫拔,文笔劲健,作史传甚有体裁,详而核,简而明,善恶不掩,有古良史风。遗稿散佚,人多惜之。

(录自清光绪《平望续志》)

注:

① 吴炎:1624—1663年,原名锡玠,字显庚。一名如晦,字赤溟,一字愧庵。清吴江平望韭溪人。归安籍诸生,明亡后,弃之,改号赤民。

② 从父:即祖父的亲兄弟的儿子。

③ 亚:次于。

④ 埒:等同。

⑤ 矻矻:勤劳不懈貌。

清光绪《平望续志》载秦士颖

秦士颖①

秦士颖,字锐师,韭溪人,性孝友,喜读书。时吴江吴天章②先生有慎交社,随伯兄士隆往。文章气谊咸以非常。目之家道始丰,后啬,尝求馆谷③于外,又以严亲④齿衰⑤,侍奉不可久驰,每力辞,昏定晨省⑥,虽寒暑,不委兄弟辈。父孚生,年近八旬,忽欲置妾,士颖涕泣曰:大人以儿辈不能事膝下,邪因极谏,并取孝经,父有诤子章上陈。适酷暑蚊聚,竟夜长跪,俟父意稍回,而止未期年⑦。父即卧床褥不起,率兄弟朝夕视膳⑧,衣不解带者月余。迨亲没,而孺慕⑨不衰殆,可谓尽诚尽悲哀者欤。嗣后,家益贫,境益苦,而于先人遗产悉听兄弟分取,曰:先人所有皆可有也,且兄弟有之犹吾有之也。同居亲族或以非礼相加,默然顺受,曰:毋令外人知贻家门羞也。年七十余卒。(秦彬撰传)

(录自清光绪《平望续志》)

注：

① 秦士颖：生卒年不详，清平望韭溪人。

② 吴天章：即吴之纪（生卒年不详），字天章，一字小修，号慊庵，清吴江同里人。明诸生。清顺治六年（1649）进士，授工部主事，迁湖广按察司佥事。喜书法，摹米帖酷似。其为诗秀婉，古文拟欧阳修。康熙十二年（1673）与其子吴楫重举慎交社，于传清堂宴集四方名流，帆樯灯火二三千不绝，一时称为盛事。

③ 馆谷：指食宿款待。

④ 严亲：父母为所尊敬之亲，故称严亲。《吕氏春秋·孝行》："身者非其私有也，严亲之遗躬也。"也单指父亲。

⑤ 齿衰：指年老。《汉书·赵充国传》："臣充国材下，犬马齿衰。"

⑥ 昏定晨省：昏，天刚黑；省，探望、问候。晚间服侍就寝，早上省视问安。

⑦ 期年：一年。《左传·僖公十四年》："秋八月辛卯，沙鹿崩。晋卜偃曰：'期年将有大咎，几亡国。'"

⑧ 视膳：古代臣下侍奉君主或子女侍奉双亲进餐的一种礼节。

⑨ 孺慕：谓对父母的哀悼、悼念。

《清史稿·文苑一》载潘耒

潘耒，字次耕，吴江人。生而奇慧，读书十行并下，自经史、音韵、算数及宗乘之学，无不通贯。康熙时，以布衣试鸿博①，授检讨②，纂修《明史》。上书总裁，言要义八端："宜搜采博而考证精；职任分而义例一；秉笔直而持论平；岁月宽而卷帙简。"总裁善其说，令撰《食货志》，兼他纪传。寻充日讲起居注官③，修实录、圣训。尝应诏陈言，谓："建言古无专责，梅福④以南昌尉言外戚，柳伉以太常博士言程元振⑤，陈东以太学生攻六贼⑥，杨继盛⑦以部曹劾严嵩。本朝旧制，京官并许条陈。自康熙十年宪臣奏请停止，凡非言官而言事为越职。夫人主明目达聪，宜导之使言。今乃禁之，岂盛世事？臣请弛其禁，俾大小臣工各得献替，庶罔上行私之徒，有所忌而不敢肆。于此辈甚不便，于国家甚便也。其在外监司守令，遇地方大利弊，许其条奏。水旱灾荒，州县官得上闻。如此，则民间疾苦无不周知矣。"更请许台谏官得风闻言事，有能奋击奸回者，不次超擢，以作敢言之气。二十三年，甄别议起，坐浮躁降调，遂归。

耒有至性，初被征，辞以母老，不获命，乃行。既除官，三牒吏部，以独子请终养，卒格于议，不果，归。逮居丧，哀毁骨立。少受学同郡徐枋、顾炎武。枋殁，周恤其孤孙，而刻炎武所著书，师门之谊甚笃焉。四十二年，圣祖南巡，复原官。大学士陈廷敬欲荐起之，力辞而止。平生嗜山水，登高赋咏，名流折服。有《遂初堂集》。又因炎武《音学五书》，为《类音》八卷。炎武复古，耒则务穷后世之变云。

当时词科以史才称者，朱彝尊⑧、汪琬⑨、吴任臣⑩及未为最著。

（录自《清史稿·文苑一》）

注：

① 鸿博：清代科举设博学鸿词科，亦称鸿博。

② 检讨：官名。宋时有史馆检讨。明时始属翰林院，位次于编修，与修撰编修同谓之史官。《清史稿·选举志二》："大学分科毕业，最优等作为进士出身，用翰林院编修、检讨。"

③ 日讲起居注官：清朝官名。顺治十二年（1655）置日讲官。康熙九年（1670）置起居注馆，满、汉记注官皆以日讲官兼摄，但仍分为二官。

④ 梅福：字子真，九江郡寿春（今安徽寿县）人。少年求学长安，是《尚书》和《谷梁春秋》专家。西汉南昌县尉，后去官归寿春。经常上书言政。

⑤ 柳伉：唐代宗李豫年间，任太常博士。程元振（？—764），唐肃宗、代宗时宦官。与李辅国拥立太子李豫，是为代宗，官至骠骑将军。

⑥ 六贼：指北宋末之蔡京、朱勔、王黼、李彦、童贯、梁师成六人。他们结党营私，危害国家，被太学生陈东等斥为"六贼"。

⑦ 杨继盛：1516—1555年，明代著名谏臣。字仲芳，号椒山，直隶容城（今河北容城县北河照村）人。嘉靖二十六年（1547）进士，官兵部员外郎等。疏劾严嵩而死，赠太常少卿，谥忠愍。著有《杨忠愍文集》。

⑧ 朱彝尊：1629—1709年，清代诗人、词人、学者、藏书家。

字锡鬯,号竹垞,又号醧舫,晚号小长芦钓鱼师,又号金风亭长。秀水(今浙江嘉兴市)人。博通经史,诗与王士禛称南北两大宗。作词风格清丽,为"浙西词派"的创始者,与陈维崧并称朱陈。

⑨ 汪琬:1624—1691年,字苕文,号钝庵,初号玉遮山樵,晚号尧峰,小字液仙。长洲(今江苏苏州)人,清初官吏学者、散文家,与侯方域、魏禧,合称明末清初散文"三大家"。

⑩ 吴任臣:1628—1689年,清历史学家、藏书家。本名吴志伊,以字行,改字志伊,一字尔器。初名鸿往,号托园。其先为福建莆田籍,随父至仁和(今浙江杭州)。精天官、乐律、奇壬之书,为顾炎武所推重,与吴农祥齐名,称"二吴"。

清道光《平望志》载潘耒

潘耒,字次耕,号稼堂,凯次子。幼孤,资禀颖异,尝阅时宪书①,一过即能背诵。及长,于群经诸史九流之书无不读,诗赋古文词无不能。而性好山水,遂往来燕赵,与同时名人纵游,相讨论题咏。康熙己未②,以博学鸿儒征试,除翰林院检讨③,纂修《明史》。既受职,谓明更三百年,史事繁委,宜博采而精于考证,分任而一。其义例秉笔严而论平,岁月宽而帙简。因作议以上,总裁然之,令撰《食货志》,兼订纪传。自洪武以下五朝稿,皆其手定。上平逆藩,耒献《平蜀》《平滇》二赋,上称赏,公卿传诵。进充日讲官④起居注兼纂修《世祖实录》《圣训》,复为会试同考官,得士十二人,皆天下选。而名日益起,忌者日益众,后竟以甄别⑤,议坐浮躁降调,遂归。

耒初被征,以母老力辞,不获命乃行。除官后,又牒吏部,以独子终养，请代题者三，卒不得请，乃受职，遂迎母养之。及去职，母没。终三年丧，未尝见齿。后乃遍游罗浮、天台、雁宕、武彝、黄、庐、中岳诸名山，尽穷其胜，各为诗若文记之。癸未，上南巡，复耒原官，赐御书一轴。丙戌，上又南巡，又赐御书。陈廷敬⑥扈驾，欲荐起，耒固辞，乃止。

耒于声韵反切⑦有神悟，随所至审辨，遂通其微，著《类音》八卷。晚研究易、象、数，多心得，著论十三篇。所为文甚夥，往往裨治体风教与乡邑之利病。

耒少依兄柽章，避地韭溪，以庄史事连诛，嫂沈氏与二子俱北徙。时嫂有身，耒从行数千里。至广宁⑧，嫂生子不育，即饮药自杀，耒乃收嫂遗骨归。耒笃于师门之谊，昆山顾炎武学贯天人，所著《日知录》及遗书数种，多经世大业。耒次第刻之，始传于世。长洲徐枋⑨苦节数十年，临没举孀妇孤孙以托。耒为谋其衣食、田庐，纤悉具备。中更事故，复身自捍御，丛怨不恤，人咸多之。天下漕粮皆官收官兑，吴江独否，于是有白粮加耗估折之苦，有仓夫侵盗、粮户代赔之苦。耒乃力请行画一法，而额外诛求悉去。耒史学得诸兄柽章，赋学则耒自得也。所著诗文共三十卷，名《遂初堂集》。自京师归，凡二十余年，年六十三卒。

（录自清道光《平望志》）

注：

① 时宪书：历书。

② 康熙己未：即康熙十八年（1679）。

③ 翰林院检讨：官名。掌修国史，唐宋均曾设置，位次编修。明清属翰林院，从七品，常以三甲进士出身之庶吉士留馆者担任。

④日讲官：明清官职名。主要是主皇帝敷陈经史、回答皇帝咨询、兼记皇帝言行的官员。

⑤甄别：谓审核官吏的行状资历而分别去留。

⑥陈廷敬：清代名臣，入仕五十三年。历任经筵讲官（康熙帝的老师），《康熙字典》的总裁官，工部尚书、户部尚书、刑部尚书、吏部尚书。陈廷敬工诗文，器识高远，文词渊雅，有五十卷《午亭文编》收录于《四库全书》，其中诗歌二十卷，还有《午亭山人第二集》三卷等。

⑦反切：是古人在"直音""读若"之后创制的一种注音方法，又称"反""切""翻""反语"等。反切的基本规则是用两个汉字相拼给一个字注音，切上字取声母，切下字取韵母和声调。

⑧广宁：今辽宁省锦州市北镇。

⑨徐枋：1622—1694年，明末清初画家。字昭法，号俟斋、秦余山人，吴县（今属江苏苏州）人。崇祯十五年（1642）举人。入清，遵父遗命不仕异族，隐居于天平山麓涧上草堂，自称孤哀子。书擅行草，长于山水画，与杨无咎、朱用纯并称"吴中三高士"。终生不入城市，卖画自食，例不书款，与宣城沈寿民、嘉兴巢鸣盛称"海内三遗民"。

清道光《平望志》载秦篁

秦 篁①

秦篁，字在六，一字潜荩，韭溪人，读书过目成诵，少时随其舅氏嘉兴李氏至广西，寄籍太平府，补诸生，贡入成均②。李氏兄弟三人，皆以官显势甚薰灼③。篁微谏之，不从，遂拂衣归。遍游大江南北诸名山，所赋诗有豪迈气，得江山之助多也。精于医，得云间④何嗣宗正传，所治多奇效。年七十余卒。著有《粤游草》《燕市歌》《淮扬杂咏》《卷帆集》，其论医有《一字千金》一卷，长洲⑤沈德潜为之序。

（录自清道光《平望志》）

注：
① 秦篁：生卒年不详，清平望韭溪人。
② 成均：古之大学，泛称官设的最高学府。
③ 薰灼：比喻气势凌人。《陈书·皇后传论》："于是张孔之势，薰灼四方，大臣执政，亦从风而靡。"
④ 云间：今上海松江。
⑤ 长洲：旧县名，现已并入苏州。

秦时昌[1]

秦时昌,字枚谔,号雪龛,韭溪人,澹泊明志,不撄[2]世纲。尝置一舫,笔床茶灶,往来于太湖之滨。士论高之,谓有天随[3]遗风。著有《韭溪渔唱集》《咏梅集》。

(录自清道光《平望志》)

注：

① 秦时昌：生卒年不详,清平望韭溪人。

② 撄：接触；触犯。

③ 天随：指唐代诗人陆龟蒙。

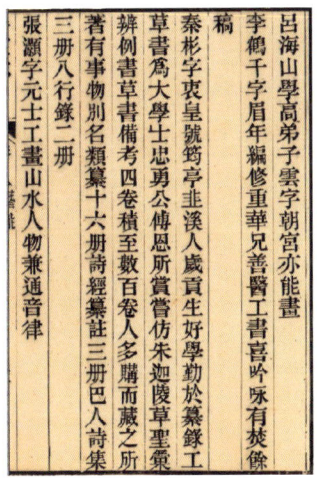

清道光《平望志》载秦彬

秦彬[①]

秦彬,字衷皇,号筠亭,韭溪人,岁贡生,好学,勤于纂录,工草书,为大学士忠勇公傅恩[②]所赏,尝仿朱迦陵[③]草圣《汇辨例书》《草书备考》四卷,积至数百卷,人多购而藏之。所著有《事物别名类纂》十六册,《诗经纂注》三册,《巴人诗集》三册,《八行录》二册。

(录自清道光《平望志》)

注:

① 秦彬:生卒年不详,清平望韭溪人。康熙五十七年(1718)入府学。乾隆二十一年(1756)府学贡生。

② 傅恩:似是傅恒(约1720—1770),富察氏,字春和,高宗孝贤纯皇后之弟,满洲镶黄旗人。乾隆时历任御前侍卫、总管内务

府大臣、户部尚书等职,授一等忠勇公、领班军机大臣加太子太保、保和殿大学士。

③朱迦陵:即朱宗文,明末清初吴地书法家,有《草圣汇辨》等。

清道光《平望志》载秦景昌

秦景昌

秦景昌，字曦芬，号闾史，韭溪人，博学，惇孝弟①。乾隆间，尝聘修县志，采访详慎，乡僻幽隐多所阐发。著有《禹贡考》。

（录自清道光《平望志》）

注：
① 惇孝弟：惇，敦厚；孝弟，孝顺父母，敬爱兄长。

清光绪《平望续志》载秦秉纯

秦秉纯[①]

秦秉纯,字敏修,号孟亭,亦韭溪人。少攻制举业[②]有声,试郡邑辄压其侪,院试[③]侥[④]得者三,时年已四十矣,乃绝意进取,居贫孝友,为族党所推,与人交外和内,介门弟子多所成就为诗,初喜宋元人有红叶山庄稿,既与翁广平[⑤]、邱孙梧[⑥]讲论唱酬,遂唾弃其旧,更名集曰《唾余亦选刻留爪集》。

（录自清光绪《平望续志》）

注：
① 秦秉纯：生卒年不详，清平望韭溪人。
② 制举业：指八股文。清代褚人获《坚瓠余集·赝女受封》："乔工制举业,从者日众。"

③院试：是为了取得参加正式科举考试的资格先要参加的一种考试，也叫章试。各地考生在县或府里参加考试，由省里的提督学政主持，考取者称生员，俗称秀才（茂才）或相公。

④俛：累积；重叠。

⑤翁广平：1760—1842年，字海琛，号海村，又号莺脰渔翁，清平望人。工诗文外，善隶书，能山水。道光元年（1821）举孝廉方正，给六品顶戴。尝得日本国史《吾妻镜》，嫌其疏略，乃求其国书数十种，撰世系表、地理、风土等，成《吾妻镜补》。著有《平望志》《听莺居文钞》《平望诗存》等。

⑥邱孙梧：生卒年不详，字集凤，一字后同，号云枝，清吴江黎里人。嘉庆二年（1797）取入震庠。少颖悟，工文章。著有《易安斋诗集》《易安斋二集》《云心集节录》等。

清道光《平望志》载秦清锡

秦清锡[1]

秦清锡,字镜湖,号海门,韭溪人,恩贡生[2],工制举业,一日能成数艺。卒合[3]先正法程,行事动必以礼,其授徒,所立条规,颇有可法。里中殷增纂《松陵诗征前编》,清锡为之参校。其先世居洞庭山,山中之族颇盛,以清锡明谱牒[4]之学,延修秦氏族谱,其体例严谨有法。谱成,遘[5]疾归,数日而卒。著有《匪莪集》《耻耻山房诗集》《历代纪年类编》。

(录自清道光《平望志》)

注:

① 秦清锡:生卒年不详,清平望韭溪人。嘉庆四年(1799)取入震庠。嘉庆二十四年(1819)恩贡生。

② 恩贡生:贡生,明清两代科举制度中,由府、州、县学推荐

到京师国子监学习的人;恩贡,科举制度中由地方贡入国子监的生员之一种。明清定制,凡遇皇室庆典,据府、州、县学岁贡常例,加贡一次作为恩贡。清特许"先贤"后裔入监者,亦称恩贡。

③卒合:集合,联合。

④谱牒:谱牒是记载某一宗族主要成员世系及其事迹的档案。

⑤遘:遇。

清道光《平望志》载秦毓华

秦毓华

  秦毓华，字连城，韭溪人，以训蒙①为业。偶至蠡斯港，拾一箧，启视之，金银珠翠也，迟②失主还之。又于韭溪东林桥侧，拾遗珠数粒，亦迟失主还之，俱无德色③。卒于道光七年三月。

（录自清道光《平望志》）

注：

①训蒙：《书·伊训》："具训于蒙士。"孔颖达疏："蒙，谓蒙稚，卑小之称。"后因以教幼童为"训蒙"。

②迟：等待。

③德色：自以为对人有恩德而表现出来的神色。

清道光《平望志》载智前

智 前

智前，住韭溪庵，年甫[1]壮，即厌尘俗。尝自言：欲入空门，当去淫心，欲去淫心，当去淫具。于是，割其势，髡[2]其发，刈[3]其须，遂出家为僧。日诵《金刚经》不辍，诵经所得钱储一瓮，窘迫者借之不索也。尝使酒[4]骂人，人不能堪，知之者，每原[5]之，不以为忤[6]焉。

（录自清道光《平望志》）

注：
① 甫：刚刚，才。
② 髡：古代剃去男子头发的一种刑罚。
③ 刈：割。

④使酒：因酒使性。
⑤原：谅解，宽容。
⑥忤：逆，不顺从。

清光绪《平望续志》载张学潮

张学潮

张学潮，字文海，号素涛，居韭溪之地园，精疡科，出门诊，治数里内。虽大寒暑，不动舟楫，曰：病家少一钱浮费，即助一钱汤药，劳人财以逸吾身，不敢为也。乡里有贫乏者，周之，惟恐人知有犯之者，闭门不校①而卒。为感化其度量之卓越类如此。子允桢，字干材，号述园，亦习岐黄②业，道貌魁伟，抑抑③自下，年未三旬，道已大行，四方以疾迎迓者，虽霖雨昏途，鼓棹兼程，曰病者度刻如年，敢自暇自逸乎。道光己酉大水，捐助三百金散给桑梓，复访孤寡老病者，招之来而厚给之，举乡饮介宾④。年七十余卒。孙秋甫、谅甫，皆能以医术世其家。

（录自清光绪《平望续志》）

注：

① 不校：不计较。《论语·泰伯》："有若无，实若虚，犯而不校。"邢昺疏："校，报也。"唐韩愈《和侯协律咏笋》诗："短长终不校，先后竟谁论？"章炳麟《蕲黄母铭》："母一意教侃（黄侃），忍诟不校。"

② 岐黄：指岐伯与黄帝，医家奉以为祖，并称"岐黄"。后以"岐黄"为中医学术的代称。

③ 抑抑：慎审貌，谦谨貌。《诗·小雅·宾之初筵》："其未醉止，威仪抑抑。"毛传："抑抑，慎密也。"

④ 乡饮介宾：即乡饮宾。

秦东园

秦东园故居

秦东园（1885—1953），平望镇人，出身中医世家，从小耳濡目染长辈行医治病。及长，悬壶行医，专攻妇科。民国二十三年（1934），任吴江县中医公会平望分事务所主任，县中医妇科专门委员，平望镇夏令施诊所负责医师。秦东园除应承门诊外,还出诊乡里,遇贫困病家则不计报酬。中华人民共和国成立初期,组织平望医联会,并积极参加下乡巡回医疗。1951年11月,与黄德亨、金储之、王二仁等创建平望联合医院,还在平望区建立梅堰、秋泽、平南、溪港和胜墩5个妇婴保健站。1953年病逝于平望。

(录自1994年《吴江县志》)

四 溪港古人诗选

清道光《平望志》载《卜居韭溪》

卜居[①]韭溪

潘柽章

物情欣解冻，
我意在寒冰。
三径[②]霜前菊，
扁舟雪夜镫。
流离存卷帙，
贫病倚良朋。
喜得南村伴，
相携醉石[③]藤。

（录自清道光《平望志》）

注：

①卜居：择地居住。

②三径：东汉赵岐《三辅决录》卷一："蒋诩归乡里，荆棘塞门，舍中有三径，不出，唯求仲、羊仲从之游。"因指归隐后所住的田园。

③醉石：相传江州德化县楚城乡（在今江西省九江市庐山南麓星子县）为晋陶渊明所居之地，宋代宣和初年立有陶渊明祠，祠前有一小溪，溪中有一石，人称之为"渊明醉石"。诗作者以自己隐居与陶渊明相仿，故在诗中云"三径霜前菊""相携醉石藤"等。

登快风阁

潘柽章

快风阁①,在庞山湖滨,为吾邑胜境。

十年壁上题诗处,
乱后重登眼忽明。
画槛遥疑飞瀣雨,
平湖谁信冠山名。
渚田半向鸥天占,
鲈鲙偏教渔市争。
回首夕阳城郭近,
片帆从此访蓬瀛②。

(录自清乾隆《吴江县志》)

注:
① 快风阁:现在庞山湖滨上建造的静思园内有快风阁。
② 蓬瀛:蓬莱和瀛洲,神山名,相传为仙人所居之处,亦泛指仙境。

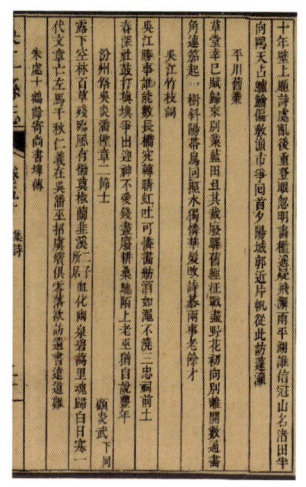

清乾隆《吴江县志》载《平川旧业》

平川旧业

潘柽章

草堂幸已赋归来,
别业蓝田且共栽。
废驿旧经征战尽,
野花初向别离开。
数通画角连笳起,
一树斜阳带鸟回。
照水独怜华发改,
诗棋两事老余才。

（录自清乾隆《吴江县志》）

吴江竹枝词①

潘柽章

吴江胜事谁能数,
长桥②宛转晴虹吐。
可怜画舫酒如渑,
不浇三忠祠③前土。

春深社鼓④打填填,
争出迎神不爱钱。
尽废耕桑驰陌上,
老巫犹自说丰年。

注:

① 竹枝词:一种诗体,由古代巴蜀间的民歌演变而来。唐代刘禹锡把民歌变成文人的诗体,对后世影响颇大。竹枝词的作品大体可分为三种类型:一是由文人搜集整理保存下来的民间歌谣;二是由文人吸收、融会竹枝词歌谣的精华而创作出的有浓郁民歌色彩的诗歌;三是借竹枝词格调而写出的七言绝句。

② 长桥:指垂虹桥。

③ 三忠祠:在垂虹桥畔,祀伍子胥、张巡、岳飞。

④ 社鼓:旧时社日祭神所鸣奏的鼓乐。宋代陆游《秋社》诗:"雨余残日照庭槐,社鼓冬冬赛庙回。"

清光绪《平望续志》载《虎林军营狱中》

虎林军营狱中四首

潘柽章

一

抱膝①年来学避名,
无端世网忽相婴②。
望门不敢同张俭③,
割席应知愧管宁④。
两世先畴悲欲绝,
一家累卵杳难明。
自怜腐草同湮没,
漫说雕虫误此生。

注：

① 抱膝：以手抱膝而坐，有所思貌。

② 婴：缠绕。

③ 张俭：115—198 年，字元节，山阳高平（今山东邹城）人，东汉时期名士，江夏八俊之一。

④ 管宁：158—241 年，字幼安，北海郡朱虚县（今山东省安丘、临朐东南）人，与华歆、邴原并称为"一龙"（华歆为龙头，邴原为龙腹，管宁为龙尾）。

二

吴关一路作羁累，
棘木庭前听五词①。
已分残形轻似叶，
却怜卫足②不如葵。
下堂真愧先贤训，
抱璧③几同楚客悲。
从使平反能苟活，
他年应废《蓼莪》④诗。

注：

① 五词：亦作"五辞"，指诉讼时原告、被告双方的述词。

② 卫足：比喻自全或自卫。《春秋左传·成公十七年》："仲尼曰：'鲍庄子之知不如葵，葵犹能卫其足。'"晋杜预注："葵倾叶向日，以蔽其根也。"

③ 抱璧：《左传·哀公十七年》："（卫庄公）入于戎州己氏。初，

公自城上见己氏之妻发美,使髡之,以为吕姜髢。既入焉,而示之璧,曰:'活我,吾与女璧。'己氏曰:'杀女,璧其焉往?'遂杀之,而取其璧。"后以"抱璧"指怀宝招祸。

④《蓼莪》:《小雅·蓼莪》是《诗经》中的一篇。此诗第一、二章以"蓼蓼者莪,匪莪伊蒿"起兴。

三

圜土初经二月春,
薰风又到絷维身。
流萤夜度绨袍冷,
采蕨朝供麦饭新。
敢望左骖归越石①,
还期长珮拟灵均②。
多情最是他乡侣,
闲谱龟兹③慰苦辛。

注:

①左骖:古代驾车三马中左边的马。后用四马中间的两匹马叫"服",左右两边的叫"骖",亦指四马中左边的马。越石:越石父,春秋时齐国贤人。齐相晏婴解左骖赎之于缧绁之中,归而久未延见,越石父以为辱己,要求绝交,晏婴谢过,延为上客。

②灵均:战国楚文学家屈原的字。

③龟兹:是中国古代西域大国之一,中国唐代安西四镇之一,又称丘慈、邱兹、丘兹。

四

阅历风霜只自疑,
难将身世问时宜。
穷愁只合吾侪事,
姓氏羞为狱吏知。
见说成书刑铸鼎,
不闻有梦召胥靡①。
南山此去躬耕好,
未可重题酒后诗。

(录自清光绪《平望续志》)

注:

① 胥靡:古代服劳役的奴隶或刑徒,亦为刑罚名。《墨子·天志下》:"民之格者则到拔(杀)之,不格者则系操(纍)而归,丈夫以为仆圉、胥靡。"也特指腐刑,宋王禹偁《记马》:"圉人复曰:'以是驹配是母,幸而骝,其骏必倍;不幸而骒,又获其种,明年将胥靡之,不可失也。'"原注:"胥靡,腐刑也,俚言改马也。"

营中送春[①]

吴炎

一半春光缧绁过,
唾壶敲缺[②]待如何。
莺声啼老听难到,
柳絮飞残扑转多。
晼晚斜阳连雉堞[③],
朦胧短梦绕岩阿[④]。
不堪往事成回首,
总付钱塘东逝波。

(录自清钮琇《觚剩》)

注:
① 营:指作者被囚的杭州虎林军营。
② 唾壶敲缺:形容心情忧愤或感情激昂。南朝宋刘义庆《世说新语·豪爽》:"以如意打唾壶,壶口尽缺。"
③ 雉堞:古代城墙的内侧叫宇墙或是女墙,而外侧则叫垛墙或雉堞。
④ 岩阿:山的曲折处。汉代王粲《七哀诗》:"山岗有余映,岩阿增重阴。"

怀古四首

吴炎

咏岳忠武①

将军野战最知名,
半壁河山一力撑。
义在春秋臣节殚,
法过韬略阵云明。
运移宋历终江海,
功就蕲王②敢弟兄。
痛饮黄龙千载恨,
钱塘夜夜有潮声。

注:

①岳忠武:岳飞(1103—1142),字鹏举,宋相州汤阴县(今河南安阳汤阴县)人,中国历史上著名的军事家、战略家,位列南宋中兴四将之首。在宋金议和过程中,岳飞遭受秦桧、张俊等人的诬陷,被捕入狱。1142年1月,岳飞因莫须有的"谋反"罪名,与长子岳云和部将张宪同被杀害。宋孝宗时岳飞冤狱被平反,追谥武穆,后又追谥忠武,封鄂王。

②蕲王:岳飞被害后,名将韩世忠自请解职,隐居西湖,自号清凉居士,在灵隐飞来峰建翠微亭以纪念岳飞,死后被追封为蕲王。

咏伍相国①

阊阖②行歌未死身，
一言投契作宗臣③。
报仇暮日忘荆国④，
抉眼衰年看越人。
罗刹江⑤头潮最怒，
姑苏台⑥畔草长新。
虫沙猿鹤无穷化，
愿向波涛问大神。

注：

① 伍相国：伍子胥（前559—前484），春秋末期吴国大夫、军事家，名员，字子胥，本楚国椒邑（今湖北省监利县黄歇口镇）人。因受费无极谗害，其父伍奢和其兄伍尚被楚平王杀害。伍子胥逃到吴国，成为吴王阖闾重臣。吴国倚重伍子胥等人之谋，西破强楚，北败徐、鲁、齐，成为诸侯一霸。后吴王夫差听信伯嚭谗言，令伍子胥自杀。

② 阊阖：泛指宫门或京都城门，借指京城、宫殿、朝廷等。

③ 宗臣：世所敬仰的名臣。

④ 荆国：春秋战国时期楚国的别称，伍子胥本楚国人。

⑤ 罗刹江：即钱塘江。

⑥ 姑苏台：又名姑胥台，在苏州城外西南隅的姑苏山上，其遗址即今灵岩山。

咏苏文忠[1]

杭州刺史[2]最风流,
箫鼓楼船春复秋。
讥诮每撄丞相怒,
判书常应老翁求。
六桥[3]花柳蒙遗泽,
两岸湖山纪胜游。
当日怜才岂无意,
峨嵋夜月照高丘。

注:
①苏文忠:苏轼(1037—1101),字子瞻,又字和仲,号东坡居士,宋代著名文学家,北宋眉州眉山(今属四川省眉山市)人。嘉祐进士。其诗题材广阔,清新豪健,与黄庭坚并称"苏黄"。词开豪放一派,与辛弃疾并称"苏辛"。又工书画。有《东坡七集》《东坡易传》《东坡乐府》等传世。去世后,御赐谥号文忠(公)。
②杭州刺史:苏轼曾任杭州刺史。
③六桥:杭州西湖苏堤上的六座桥,分别为:映波、锁澜、望山、压堤、东浦、跨虹。

咏于忠肃①

开元城外黑云屯,
土木营②边日月昏。
手挟六龙群喙定,
身担一线国威尊。
战争有几禁南牧③,
缯币无多返北辕④。
两字狱⑤成明主惜,
高名赢得并乾坤。

(录自清钮琇《觚賸》)

注:

① 于忠肃:于谦(1398—1457),字廷益,号节庵,明浙江杭州府钱塘县(今浙江省杭州市)人,祖籍河南考城(今河南商丘市民权县),明代政治家、军事家。永乐十九年(1421),辛丑科进士,历任御史、江西巡按、兵部右侍郎等。因进京觐见不向王振献媚送礼,被加上对明英宗不满的罪名下狱论死。后因两省百姓官吏乃至藩王力请复任。正统十四年(1449)土木堡之变,明英宗被瓦剌俘获,他力排南迁之议,坚请固守,进兵部尚书。后加少保,总督军务。他忧国忘身,口不言功,自奉俭约,所居仅蔽风雨,但性固刚直,颇遭众忌。天顺元年(1457)英宗复辟,石亨等诬其谋立襄王之子,被杀。成化初,复官赐祭。弘治二年(1489),谥肃愍。万历中,改谥忠肃。有《于忠肃集》。

② 土木营:指土木堡。

③ 南牧：南下放牧。引申指北方少数民族南侵。
④ 缯：古代对丝织品的总称。北辕：车向北驶，北行。
⑤ 两字狱：指石亨等诬陷于谦"意欲"谋立襄王之子。

与美生^①对酌绝句

吴炎

平生恨不学屠沽^②,
输与高阳一酒徒^③。
此日尊前须尽醉,
黄泉还有卖浆无?

（录自清钮琇《觚剩》）

注：

① 美生：即庄廷鑨，浙江南浔"庄氏九龙"之一，字美三，辞翰皆妙，有"豚犬纵难全覆卵，糟糠岂罪及然萁。一气潮回江上月，全家泪洒武林春"等句。

② 屠沽：亦作"屠酤"，宰牲和卖酒。《墨子·迎敌祠》："举屠酤者置厨给事，弟之。"

③ 高阳一酒徒：高阳，古乡名，在今河南杞县西南，秦末郦食其即此乡人，对刘邦自称"高阳酒徒"。用以指嗜酒而放荡不羁的人。

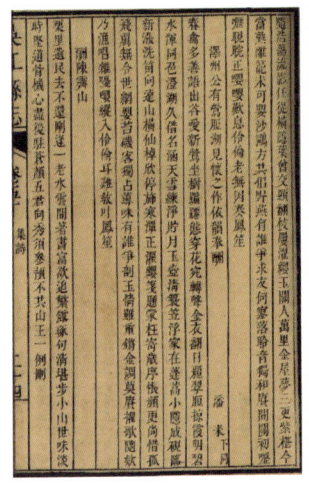

清乾隆《吴江县志》载潘耒诗

泽州公①有莺脰湖见怀之作依韵奉酬

潘耒

春禽多善语,出谷爱新莺。
坐树蹁跹态,穿花宛转声。
金衣翻日丽,翠脰掠霞明。
碧水浑同色,澄湖久借名。
涵天雪练净,贮月玉壶清。
蓑笠浮家在,蓬蒿小隐成。
砚临新涨洗,笛向远山横。
仙棹欣停舣,寒潭正濯缨。
笺题蒙枉寄,岁序怅频更。
尚惜孤飞翼,无令世网婴。
苔矶客独占,莼味有谁争。
剖玉情虽重,锵金调莫赓。

105

擢歌随欸乃,渔唱杂嘤嘤②。

纵入伶伦耳,难教叶凤笙。

(录自清乾隆《吴江县志》)

注:

① 泽州公:指清初名臣陈廷敬,因其是泽州(今山西晋城市泽州县)人,故称泽州公。此诗为潘耒与陈廷敬的唱和诗,请参见本书所录陈廷敬《莺脰湖怀潘稼堂太史》诗。

② 嘤嘤:动物叫。

酬陈霁山①

潘耒

栗里②遗民去不还,
刚逢一老水云间。
著书富欲追繁露,
琢句清堪步小山。
世味淡时坚道骨,
机心画后驻苍颜。
五君③向秀须参预,
不共山王④一例删。

(录自清乾隆《吴江县志》)

注:

① 陈霁山:即陈寅清(生卒年不详),名一作寅青,字霁山,清吴江人,世居乌程,弱冠后迁吴江北麻,后寓城东。家贫,性耿介,为诗摇笔立就,皆清新可诵。康熙中八十余卒。著有《江村集》《焰余草》《竹轩存草》等。

② 栗里:在江西庐山温泉北面一里许,是晋代大诗人陶渊明的故乡。

③ 五君:指魏末"竹林七贤"中的阮籍、嵇康、刘伶、阮咸、向秀。

只咏五君，是因为七贤中的另两人——山涛、王戎后来均贵显于世，故被黜落。

④ 山王：山涛和王戎的并称。

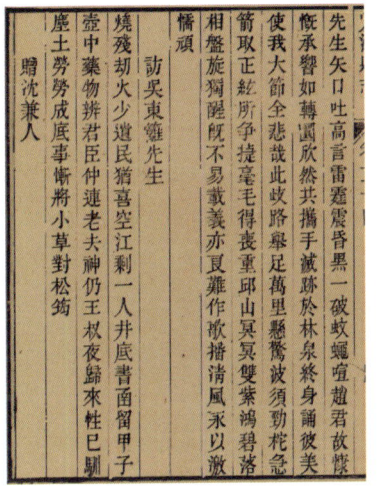

清乾隆《震泽县志》载《访吴东篱先生》

访吴东篱^①先生

潘耒

烧残劫火少遗民，
犹喜空江剩一人。
井底书函留甲子，
壶中药物辨君臣。
仲连^②老夫神仍王，
叔夜^③归来性已驯。
尘土劳劳成底事，
惭将小草对松筠^④。

（录自清乾隆《震泽县志》）

注：

① 吴东篱：即吴宗潜（生卒年不详），初名系，字方轮，号东篱，

明末吴江人,秀水籍诸生。清顺治七年(1650),与沈祖孝、叶继武、吴珂等结"惊隐诗社"。年七十八卒,门人私谥贞毅先生。著有《惊隐编》《东篱野人诗草》《吴氏七子诗选》等。

②仲连:指战国时齐人鲁仲连。其喜为人排难解纷,高蹈不仕。三国魏曹植《与杨德祖书》:"刘生之辩,未若田氏,今之仲连,求之不难。"

③叔夜:指"竹林七贤"之一的嵇康,字叔夜。

④松筠:松和竹。松竹皆岁寒不凋,因用以比喻节操坚贞。

清乾隆《震泽县志》载《双林寺》

双林寺

潘 耒

湖滨多精蓝[①]，双林最深杳。
地为莲瓣浮，水作玉环绕。
虚堂藏竹阴，古殿露松杪[②]。
铁佛浮江来，位置妥而巧。
一灯久绵延，三灾莫能扰。
经过俨旧游，佳兴惬幽讨。
湖光明可餐，山容翠堪扫。
几上看风帆，栏边狎鱼鸟。
禅宿况能诗，书秀追清矫。
怡颜颖师琴[③]，快意高闲草。
居然成滞留，岂复厌枯槁。
加餐珞粥甘，破梦霜钟晓。

佳境过不忘,重来订非渺。

鸿飞去冥冥,雪上聊印爪。

(录自清乾隆《震泽县志》)

注:

① 精蓝:佛寺,僧舍。精,精舍;蓝,阿兰若。宋高翥《常熟县破山寺》诗:"古县沧浪外,精蓝缥缈间。"

② 杪:树枝的细梢。

③ 颖师琴:唐代诗人韩愈作有《听颖师弹琴》,全诗从演奏的开始起笔,到琴声的终止完篇。

清乾隆《震泽县志》载《题徐虹亭丰草亭》

题徐虹亭丰草亭①

潘 耒

松风书屋屋似船，枫江渔父船为屋。
已称亭长占垂虹，更结茆亭傍城曲。
亭无壁落延空明，草不剪茨存素朴。
一泓之水碧涧萦，寻丈之山怪石簇。
檐前老树作晚花，墙外新篁借浓绿。
横石为几琴堪弹，支木作床书可读。
岂无凤巢阿阁中，拖绅②委珮多拘束。
岂无华堂广陌头，绣栱璇题劳刻斫③。
何如草亭制简古，为之不费成之速。
不藏一物忘机缄，不受一尘畅心目。
亭中之人见事早，半生占断清闲福。
炙毂脂车顷刻忙，晏坐清吟百年足④。

113

注：

① 徐虹亭：徐釚（1636—1708），清代词人。字电发，号虹亭、鞠庄、拙存，晚号枫江渔父。吴江人。康熙十八年（1679）召试博学鸿词，授翰林院检讨，入史馆纂修《明史》。因忤权贵，康熙二十五年归里后，东入浙闽，历江右，三至南粤，一至中州。游历所至，与名流雅士相题咏。康熙皇帝南巡，两次赐御书，诏原官起用，不肯就。卒年七十三。丰草亭，为徐釚的斋名之一。

② 拖绅：引大带于朝服之上。《论语·乡党》："疾，君视之，东首，加朝服，拖绅。"

③ 斫：砍，削。

④ 炙毂：炙輠。輠，指古时车上盛贮油膏的器具。脂车：油涂车轴，以利运转，借指驾车出行。晏坐：安坐，闲坐。唐白居易有《晏坐闲吟》诗。

清乾隆《震泽县志》载《西郊两高士诗》

西郊两高士诗

潘耒

西郊两高士,并舍突不烟。
各秉肥遁迹,蝉脱淤泥间。
惟昔陆沉①初,儒冠多弃捐。
搜牢及黉序②,张网忽弥天。
迫遣挂名籍,不者谪戍边。
志士亦悚息,身命绝可怜。
伟哉邹先生,矢口吐高言。
雷霆震昏黑,一破蚊蝇喧。
赵君故慷慨,承响如转圜③。
欣然共携手,灭迹于林泉。
终身诵彼美,使我大节全。
悲哉此歧路,举足万里悬。

惊波须劲柁④，急箭取正弦。
所争捷毫毛，得丧重邱山⑤。
冥冥双紫鸿，碧落相盘旋。
独醒既不易，载义亦良难。
作歌播清风，永以激懦顽。

（录自清乾隆《震泽县志》）

注：
①陆沉：陆地无水而沉。比喻隐居。《庄子·则阳》："方且与世违而心不屑与之俱，是陆沉者也。"
②搜牢：东汉末年，洛中贵戚室第相望，金帛财产，家家殷积。董卓纵放兵士，突其庐舍，淫略妇女，剽掠资物，谓之"搜牢"。黉序：古代的学校。《北齐书·文宣帝纪》："诏郡国修立黉序，广延髦儁，敦述儒风。"
③转圜：转动圆形器物。常用以代指便易迅速之事。《汉书·梅福传》："昔高祖纳善若不及，从谏若转圜。"
④柁：同"舵"。
⑤邱山：泛指山。《淮南子·兵略训》："止如邱山，发如风雨，所凌必破，靡不毁沮。"

赠沈兼人

潘耒

风雪关山道，
曾为并马行。
冲冠能赴难，
掉臂①不求名。
别久鬓霜点，
谈深剑匣鸣。
柴扉村径里，
谁信有侯嬴②。

（录自清乾隆《震泽县志》）

注：

① 掉臂：甩动胳膊走开。表示不顾而去。《史记·孟尝君列传》："日暮之后，过市朝者掉臂而不顾。"

② 侯嬴：战国时魏国人。家贫。年老时始为大梁（今河南开封）监门小吏。信陵君慕名往访，亲自执辔御车，迎为上客。公元前257年，秦急攻赵，围邯郸，赵请救于魏。魏王命将军晋鄙领兵十万救赵，中途却停兵不进。侯嬴献计窃得兵符，夺权代将，救赵却秦。因自感对魏君不忠，自刭而死。

宿蒹葭庵赠石邻上人

潘耒

落日在渔网,
扁舟临钓矶。
故人九载别,
草舍一灯微。
有道禅难缚,
无家遁始肥。
桔槔①终夜响,
听者自忘机。

（录自清道光《平望志》）

注：

① 桔槔：亦作"颉皋"，井上汲水的工具。在井旁架上设一杠杆，一端系汲器，一端悬绑石块等重物，用不大的力量即可将灌满水的汲器提起。

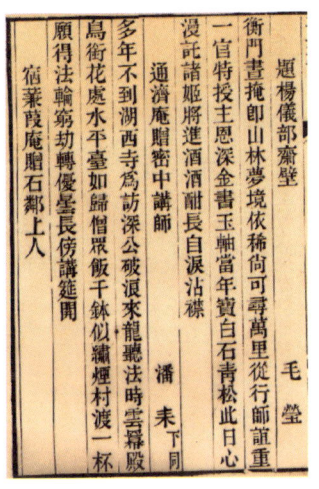

清道光《平望志》载《通济庵赠密中讲师》

通济庵[①] 赠密中讲师

潘耒

多年不到湖西寺,
为访深公破浪来。
龙听法时云幂殿,
鸟衔花处水平台。
如归僧众饭千钵,
似绣烟村渡一杯。
愿得法轮穷劫转,
优昙[②] 长傍讲筵开。

(录自清道光《平望志》)

注:

① 通济庵:即斋僧堂,亦名通济禅院,在平望莺脰湖滨,黄大丰弄西侧。

② 优昙:优昙婆罗花是传说中的仙界极品之花,因其花"青白无俗艳"被尊为佛家花。

徐健庵^①司寇以一叶舟见访溪南感而有作

潘耒

授简飞觞记往年^②，
碧山无日不留连。
云宵久绝攀嵇望，
萝薜仍余访戴船^③。
世上纷纭蕉鹿梦^④，
林间空阔海鸥天。
五湖倪遂扁舟兴，
一笠相将云水边。

（录自清道光《平望志》）

注：

① 徐健庵：即徐乾学（1631—1694），清代大臣、学者、藏书家，字原一、幼慧，号健庵、玉峰先生，江苏昆山人，顾炎武外甥，与弟元文、秉义皆官贵文名，人称"昆山三徐"。康熙九年（1670）进士第三（探花），授编修，先后担任日讲起居注官、《明史》总裁官、侍讲学士、内阁学士，康熙二十六年（1687），升左都御史、刑部尚书。曾主持编修《明史》《大清一统志》《读礼通考》等书籍，著《憺园文集》三十六卷。家有藏书楼"传是楼"，乃中国藏书史上著名的藏书楼。

② 授简：给予简札，谓嘱人写作。飞觞：指奉命吟诗作赋，举

杯或行觞。

③戴船：东晋时，王子猷居山阴，夜大雪，眠觉，开室，命酌酒，四望皎然。因起彷徨，咏左思《招隐诗》，忽忆戴安道。时戴在剡，即便夜乘小船就之。经宿方至，造门不前而返。人问其故，王曰："吾本乘兴而行，兴尽而返。"

④蕉鹿梦：郑国人在野外砍柴，看到一只受伤的鹿跑过来，就把鹿打死，担心猎人追来，就把死鹿藏在一条小沟里，顺便砍了一些蕉叶覆盖。天黑了，他想找到死鹿扛回家，可怎么也找不到。于是他只好放弃，就当作自己做梦罢了。他不是把真实的事当梦，便是把梦当真实的事儿。后遂以"蕉鹿梦"代指梦幻。

清道光《平望志》载潘耒《赠李兹佩》

赠李兹佩

潘 耒

扶风①弟子几人存,
独有康成②德望尊。
谈笑每惊锋破的,
传经常见履盈门。
天将晚获酬良耜,
春作高花覆古根。
薄俗不知稽古贵,
凭君大雅与扶轮③。

(录自清道光《平望志》)

注:
① 扶风:指东汉著名经学家马融,系扶风茂陵(今属陕西兴平)人。

②康成：东汉经学家郑玄的字。郑玄曾拜马融为师。

③扶轮：相传春秋时晋大夫赵宣子猎于首山，见灵辄饿不能起，食之。后灵辄为晋灵公卫士。一日灵公邀宣子饮，欲害之。宣子知之，中饮而出。灵公遣卫士追杀之。灵辄疾追先至，告宣子登车速走，并倒戈以御公徒，宣子因以得免。事见《左传·宣公二年》《吕氏春秋·报更》。后以"扶轮"为怀恩报效之典。

玛瑙庵①

潘耒

玛瑙庵四面皆水，竹树幽胜，去余家二十里而近，未能数游。观康叔②此图，真令人欲弃百事，栖迟其间也。因大阴禅师索题，辄成长句，时康熙庚午菊月（按：即康熙二十九年九月）。

万条杨柳摇春空，
一堤桃花蒸日红。
隔水禅林郁苍翠，
新篁老树森蒙笼。
澄波回环径路绝，
褰裳欲往愁难通。
茅堂清疏狎鸥鸟，
梵侣寂静铿鱼钟。
轻帆影拂檐际白，
远山翠压林端浓。
杖藜负手者谁子，
得非支许寻高踪。
目延飞云送归鸿，
虎溪三笑将毋同。
试问劳劳尘鞅③客，
那得如此神从容。

近来画手推毛公④,
清旷宛有前贤风。
能以人区作灵境,
海怀霞想看无穷。
乞君更写洞庭月,
画我独立缥缈之高峰。

(录自清嘉庆《黎里志》)

注:

①玛瑙庵:位于吴江黎里镇西南,"玛瑙春游"为"黎里八景"之一。

②康叔:即毛锡年(生卒年不详),字长孺,一字康叔,号余庵,清吴江人,喜咏短章,书法秀劲,尤工画,有《春岸归渔图》,现藏南京博物院。著有《余庵小草》等。

③尘鞅:世俗事务的束缚。鞅,套在马颈上的皮带。唐牟融《寄羽士》诗:"使我浮生尘鞅脱,相从应得一盘桓。"

④毛公:即指毛锡年(康叔)。

赠蛤庵和尚①

潘耒

杼山诗句夹山禅②,
蹴踏师林二十年。
久矣毗耶③无法说,
不妨王舍④有灯传。
垂钩定胃珊瑚树,
挝鼓还惊尺五天⑤。
化尽素衣余慧业,
离尘肠赖法流湔。

（录自清光绪《黎里续志》）

注：
① 蛤庵和尚：系黎里罗汉讲寺之僧人。
② 杼山：因夏王杼巡狩至此而得名。夹山：地处洞庭平原与武陵山脉结合部的澧水之滨，因"两山相夹，一道中通"而得名，为中国禅宗文化的重要发源地。
③ 毗耶：诗文中常用以比喻精通佛法、善说佛理之人。
④ 王舍：天子或诸侯的行宫。《周礼·夏官·土方氏》："王巡守，则树王舍。"
⑤ 尺五天：指高空。

卦山[①]

潘耒

卦山交山阳，孤峰独崔嵬。
下眺一气中，棱棱露岩崖。
森如六爻[②]列，错若万卦排。
我来正雪霁，寒空无纤埃。
群峰皎练明，万柏攒一苔。
远见介山巅，干霄白皑皑。
近瞩交城[③]城，微茫辨楼台。
文峪下西豁，汾川[④]自东来。
连山走黄河，屏戾却抱回。
谁言万家县，形势亦壮哉。
守险在良牧[⑤]，济世须雄才。
利铁锢穷岩，健马嘶风哀。
刘渊[⑥]亦何人，石匦为之开。
苍天不可问，浩歌舒远怀。

（录自《晚晴簃诗汇·潘耒》[⑦]）

注：

① 卦山：因群峰环列形同卦象而得名，位于吕梁山东麓，距太原约67公里，满山的松柏树千姿百态，终年常青，有许多神秘的民间传说，被道家视为天然道场，文化积蕴深厚。

②六爻：古人观察大自然运行规律总结出来的一项法则，民间流传最广的预测方法之一。预测人将三枚铜钱放于手中，双手紧扣，思其所测之事，让所测信息融贯于铜钱之中，合掌摇晃后放入卦盘中，掷六次而成卦。

③交城：位于吕梁山东麓，山西省中部，晋中盆地西缘，北枕吕梁，南带汾河，东据太原，西临方山、离石，地理位置十分重要。

④汾川：汾河的别称。

⑤良牧：指贤能的州郡长官。

⑥刘渊：十六国时期汉赵开国皇帝。

⑦《晚晴簃诗汇》：由曾任民国总统的徐世昌门客、幕僚仿吴之振《宋诗钞》、顾嗣立《元诗选》之体例编成，"晚晴簃"是指徐世昌府中的休息室，为了编辑此书，徐世昌还向各省征访清代著述，得书万余本，几乎收集了所有清朝诗人的代表作品，共收录诗人6100余家，诗27000余首。

忻州婴杵①庙

潘耒

一

烈士不爱生，亦不卤莽死。
苟生颜面羞，徒死魂魄耻。
生死各有立，机括妙相倚。
婴杵得其深，一发存赵祀。
千夫共舆瓢，不如道旁委。
两人利断金，同心而殊轨。
间牒有阴阳，奇正相表里。
神鬼未能窥，宵小安足拟。
赵朔亦何人，得士有如此。
驱车出忻州，酹酒吊故里。
秋风正萧骚，浩歌热双耳。
带兆虽中绝，巢卵岂俱毁。
藏山不可求，哀哀哭公子。

二

古人贵成事，今人贵成名。
义声岂不美，躁取事或倾。

吾心在千秋，旦暮安足争。
太史佣法章，丙吉不自明②。
生潼闻李善，卖卜有王成③。
短筮詢楚隶，漏船舞吴兵。
奇巧千万端，权舆于杵婴。
精诚生智术，狡狯不足惊。
死生判难易，当时费权衡。
功成终下报，命乃鸿毛轻。
为难勿藉口，君子守其经。

（录自《晚晴簃诗汇·潘耒》）

注：

① 婴杵：指"搜孤救孤"中的程婴和公孙杵臼。相传程婴是晋卿赵盾及其子赵朔的友人。晋景公三年（前597），大夫屠岸贾杀赵，灭其族，朔客公孙杵臼与之谋，婴抱赵氏真孤匿养山中，而故意告发，令诸将杀死杵臼及程婴之子冒充的赵氏孤儿。后景公听韩厥言，立赵氏后，诛屠岸贾，婴则自杀以报杵臼。

② 法章：即齐襄王（？—前265），妫姓，田氏，名法章，齐湣王之子。公元前284年，燕、秦等六国攻打齐国，齐湣王被杀。田法章改名换姓在莒城太史敫家做佣人。太史敫的女儿认为他状貌奇伟，绝非平常之人，并与他相好。后莒城百姓与齐国逃亡臣子立田法章为君。丙吉（？—前55），字少卿，鲁国（今山东）人，西汉大臣，治律令。

③ 李善：630—689年，唐代知名学者，江都（今江苏扬州）人

（一说为江夏人，今湖北武昌人）。史书上称他清正廉洁、刚直不阿，有君子的风范。先后任录事参军、秘书郎、崇贤馆直学士兼沛王侍读、泾城（今安徽泾县）县令。曾因事被流放姚州，但遇赦还，寓居在今河南开封、郑州一带，以讲授《文选》为业，人送外号"文选学士"，"诸生多自远方而至"。王成：东汉时著名的忠正耿直大臣李固遇害时，其子李燮十三岁，姐姐李文姬托孤于李固门生王成。王成领着李燮东下，入徐州界。李燮改换姓名，为酒家帮工，王成则卖卜于市。

西泠展墓①

潘耒

三尺蓬科几树梅,梅根碧血总成苔。
春山雨露僧时到,画角昏黄鹤一来。
入梦有人迷北海,招魂无地哭西台②。
鸱夷③未化钱塘水,莫怪潮声夜夜雷。
麦饭椒浆拜草间,相看应怪我苍颜。
休疑陆弟曾如洛,为报梁童已出关④。
将母归来无旧业,藏书到处有名山。
《西征》赋就何人赏,焚向东风血泪斑。

(录自《晚晴簃诗汇·潘耒》)

注:

①西泠:在杭州西湖边,为名妓苏小小魂断处。展墓:省视坟墓,《礼记·檀弓下》:"吾闻之也,去国则哭于墓而后行,反其国不哭,展墓而入。"

②北海:指孔融(153—208),字文举。东汉末年文学家,"建安七子"之一,家学渊源,是孔子的二十世孙,性好宾客,喜抨议时政,言辞激烈,后因触怒曹操而为其所杀。西台:指明末袁可立(1562—1633),河南睢州(今河南睢县)人,历万历、泰昌、天启、崇祯四帝,是"四朝元老"之臣,诰"五世恩荣"之赏,为官不阿权

贵，敢于为民请命，是明代后期著名的清官廉吏和军事家、抗清名将，曾策反努尔哈赤姻婿刘爱塔，清兴"文字狱"，其传记和著作遭禁毁。

③鸱夷：昔传伍子胥累谏吴王忤旨，被赐"属镂"剑自刎而死。临终，戒其子曰："抉吾目悬于南门，以观越兵来伐吴；以鲐鱼皮裹吾尸，投于江中，吾当朝暮来潮，以观吴之败。"自是海门山潮头汹涌，高数百尺，越钱塘。

④陆弟：指陆机之弟陆云。唐王维《同崔傅答贤弟》诗："周郎陆弟为俦侣，对舞前溪歌《白苎》。"赵殿成笺注："陆弟，谓陆机之弟陆云。"梁童：指梁鸿，字伯鸾，扶风平陵人，生卒年不详，约汉光武建武初年，至和帝永元末年间在世。娶同县孟女光，貌丑而贤，共入霸陵山中，荆钗布裙，以耕织为业，咏诗书弹琴以自娱。因东出关，过京师，作《五噫歌》。

赠杜于皇①

潘耒

男儿无家复无国,六合飘然一孤客。
客行落落云出岑,其去无迹来无心。
山水佳处便淹泊,偶然相遇不可寻。
黄冈先生古豪士,胸吞云梦八千里。
神鹰铩翮②不得飞,丹霄碧海将安归。
三十年来泛江舸,大块无尘能著我。
商山③须眉大泽裘,游戏人间无不可。
往年访友扬州城,州人喧呼看岁星,
如云冠盖趋门庭。先生酣眠醉不醒,
醒来洗眼焦山青。金焦④如螺意不快,
一叶翩然下江濑⑤。青丘方壶不可期⑥,
白龙赤鲤遥相待。我亦汗漫之遐方,
束发结交多老苍。惟翁差池未识面,
江云关树空相望。锡山叶脱蠡湖朗⑦,
散步禅房见邛杖⑧。怪来避地已经年,
笑我劳劳逐尘鞅。昆明劫火方洞然,
老鳌抃山波接天。土偶⑨桃人莫相笑,
久客会有还山年。先生无事但宴眠,
大瓢满酌清泠泉。君不见君家杜陵丧家者,
茅屋秋风泪盈把,挥泪高歌《洗兵马》。

(录自《晚晴簃诗汇·潘耒》)

注:

① 杜于皇:1611—1687年,原名诏先,字于皇,号茶村,湖北黄冈人,诗法杜甫,尤长五律,风格浑厚。

② 铩翮:犹铩羽。晋左思《蜀都赋》:"鸟铩翮,兽废足。"

③ 商山:位于陕西省商洛市丹凤县城西7.5公里,丹江南岸山阳县东北。

④ 金焦:金山与焦山的合称,两山都在今江苏省镇江市。

⑤ 江濑:江滩上的急流。 南朝宋谢庄《月赋》:"菊散芳于山椒,雁流哀于江濑。"

⑥ 青丘:青丘之国,源自《山海经》,其上有云:"青丘之国,其阳多玉,其阴多青䨼。"方壶:东海仙山。

⑦ 锡山:在江苏省无锡市西郊,是惠山东峰脉断处凸起的小峰,高74.8米,周长1.5公里。相传周秦时代盛产锡矿,故名锡山。蠡湖:又名五里湖,是太湖伸入无锡的内湖,位于江南名城无锡西南郊。

⑧ 邛杖:即邛竹杖。晋左思《蜀都赋》:"邛杖传节于大夏之邑,蒟酱流味于番禺之乡。"

⑨ 土偶:亦称"土偶人""土禺人""土耦人",泥塑的人像。《战国策·齐策三》:"今者臣来过于淄上,有土偶人与桃梗相与语。"

赠钱饮光[①]

潘耒

蹀血生还万里天,
土床树屋尚依然。
笺余易象研朱[②]细,
踏遍云山著屐[③]便。
久矣泥涂书亥字,
凄其衰白感丁年[④]。
谁怜灵武麻鞋叟,
老向空山拜杜鹃。

(录自《晚晴簃诗汇·潘耒》)

注:

① 钱饮光:钱澄之(1612—1693),初名秉镫,字饮光,一字幼光,晚号田间老人、西顽道人。安徽省桐城市今枞阳县人,明末爱国志士、文学家。南明桂王时,担任翰林院庶吉士。诗文尤负重名,王夫之推崇他"诗体整健"。著有《田间集》《田间诗集》《田间文集》《藏山阁集》等。

② 研朱:研磨朱砂。

③ 著屐:穿木屐。

④ 丁年:成年,壮年。

画松歌为梅瞿山①作

潘耒

画松不难与松似,贵得寒空磊落意。
一片梢云拂雪姿,巍峨迥与凡柯异。
梅君都官之后人,才华标格都绝尘。
善画尤工作松树,寸管貌出千龙鳞。
孤根直干势奇矫,烟涛漠漠开清晓。
直如白虹亘晴霄,怒如苍龙作鳞爪。
端如岩廊坐伟人,高如深林出遗老。
一气淋漓入化工,千寻错落舒怀抱。
毕宏韦偃不可追②,粉本岂是人工为。
十年看松甫落笔,黄山万树为君师。
黄山之松信奇绝,太古以来无斩伐。
十步蟠拏九步折,行空偃地无罅缺,
搘撑岩崖碍日月。嗟我不得掉臂行游于其间,
尘沙日夕彫壮颜。徒对慈仁两秃干,
朝行婆娑暮忘还。梅君何当访尔就茅屋,
抱琴醉枕松根宿,看君作画题诗老亦足。

(录自《晚晴簃诗汇·潘耒》)

注:

① 梅瞿山:梅清(1623—1697),字渊公,号瞿山,安徽宣城人。

清顺治十一年（1654）举人，考授内阁中书，与石涛交往友善，相互切磋画艺。石涛早期的山水，受到他的一定影响，而他晚年画黄山，又受石涛的影响。所以石涛与梅清，皆有"黄山派巨子"的誉称。

②毕宏：唐代河南偃师人，天宝年间中官御史，左庶子。善画古松，擅名于代。韦偃：唐代长安（今陕西西安）人，侨居成都（今属四川），官至少监。善画鞍马，传自家学，远过乃父，与曹霸、韩干齐名。

二姜先生①祠

潘耒

轼辙②齐名世早知,
百年忠义系人思。
忠传折槛排奸日,
义想衔刀伏阙时。
两地青磷埋宿草,
一山红树妥新祠。
吴门野老多相识,
雪涕争看幼妇碑③。

(录自《晚晴簃诗汇·潘耒》)

注:

① 二姜先生:指姜垓、姜垓兄弟二人。姜垓(1607—1673),明末清初学者,字如农,号敬亭山人、宣州老兵,山东莱阳人。与弟姜垓明亡后居吴下以遗民终。明崇祯四年(1631)进士,入为礼部主事,选授礼科给事中。以弹劾权贵,受廷杖入狱。北京破后,移家江南。与弟姜垓流寓苏州。年七十卒,遂其遗嘱葬宣城,门人私谥"贞毅先生",立祠于虎丘剑池之侧。著有《敬亭集》。姜垓(1614—1653),明末诗人,字如须,号伫石山人,崇祯十三年(1640)进士,授行人。去官后居苏州,为避阮大铖加害,乃变姓名,走宁波,明亡,还吴中卒。与其兄姜垓同以忠义而闻名于士人之间。著有《篔簹集》

《伫石山人稿》。

②轼辙：宋代文学家苏轼和苏辙。

③幼妇碑：即曹娥碑。因碑背上题"黄绢幼妇，外孙齑臼"八字，故名。

经姜给谏墓^①作

潘耒

青峰一曲抱愁云,
中有先朝谏议坟。
往日儿童识邹浩^②,
到今野老哭刘蕡^③。
山头树屋称残卒,
地下戎衣见故君。
埋骨便为乾净土,
丰碑华表漫纷纭。

(录自《晚晴簃诗汇·潘耒》)

注:

① 姜给谏墓:即姜垓墓,在安徽宣城。给谏:宋门下省有给事中,掌封驳政令违失,另有左、右谏议大夫分隶门下、中书二省,掌规谏讽谕,二者合称给谏。明代文献也可常见此称谓,清为六科给事中别称。姜垓曾授礼科给事中,故称。

② 邹浩:1060—1111 年,字志完,自号道乡居士,常州晋陵(今江苏常州)人。元丰五年(1082)进士,调扬州颖昌府教授。哲宗朝,为右正言,累上疏言事。章惇独相用事,邹浩露章数其不忠,因削官。徽宗立,复为右正言,累迁兵部侍郎。卒谥忠,学者称道乡先生。著有《道乡集》四十卷。

③刘蕡：?—848年，字去华，唐代宝历二年（826）进士，善作文，耿介嫉恶，祖籍幽州昌平（今北京昌平）。太和元年，参加"贤良方正"科举考试，秉笔直书，主张除掉宦官，考官赞善他的策论，但不敢授以官职。后令狐楚、牛僧孺等镇守地方时，征召为幕僚从事，授秘书郎。终因宦官诬害，贬为柳州司户参军，客死异乡。

马当山①

潘耒

飞帆如箭劈流开，
遥奠江神酒一杯。
好风肯与王郎②便，
世上惟君不妒才。

（录自《晚晴簃诗汇·潘耒》）

注：

① 马当山：在江西省彭泽县，长江南岸。
② 王郎：指王勃。传说上元二年（675），王勃从山西动身，千里迢迢去看望在南海交趾为官的父亲。他逆长江而上，一日来到形势险峻的马当山，突遇风浪，船不能行。于是，弃舟避风于山下一庙内，忽见一老者坐于巨石上，须眉皓白，貌若仙人。王勃整衣向前，与老人作揖。老人问："来的是王勃吗？"王勃大惊，说："正是，不知长者何以得知？"老人说："明日重九，滕王阁有诗会，若往赴宴会，作文赋诗，足垂不朽。"王勃笑答："老丈有所不知，此地距洪都六七百里，一个晚上哪里到得了呢？"老者也笑道："你只管上船，我当助清风一帆，使你明日早达洪都。"王勃肃然起敬，道："拜问老丈，你是神还是仙？"老者笑而远去，隐隐听见"吾即中原水君"。王勃上船，真个只觉祥云缥缈，瑞气盘旋，好风从脚底生起。那船箭一般朝鄱阳湖而去。

羊城杂咏

潘耒

崖山①尚住宋遗民,
文陆②当年事苦辛。
穷海不春犹正朔,
孤航无土自君臣。
忠魂郁作潮头怒,
浩气蒸成蜃阙新。
异代流风多感激,
草间时有纳肝人。

(录自《晚晴簃诗汇·潘耒》)

注：
①崖山：在广东省冈州（即今广东新会）。此地曾发生过一场著名的海战——崖山海战。这是宋朝末年宋朝与蒙古的一次战役，直接关系到南宋流亡朝廷的兴亡，战役最终以宋军失败告终。此次战役标志着宋朝的灭亡。
②文陆：宋末文天祥与陆秀夫的合称，两人皆坚决抗元，不屈而死。

万年桥[①]

潘耒

旧传吴胥门[②],有桥甚雄壮。
不知何当事,谄媚分宜相[③]。
拆毁远送之,未悉其真妄。
兹来经秀江[④],巍桥俨在望。
横铺八九筵,袤亘数十丈。
石质尽坚珉,蹲狮屹相向。
皆言自苏来,运载以漕舫。
严老[⑤]自撰碑,亦颇言其状。
始知语不虚,世事多奇创。
桥梁是何物,乃作权门饷。
鞭石与驱山,势力岂多让。
充此何不为,穹天一手障。
为德于乡里,或云差可谅。
不闻掠彼衣,而令此挟纩。
冰山一朝摧,籍没无留藏。
独此岿然存,千秋截江涨。
颂詈两不磨,功罪亦相当。
犹胜庸庸流,片善无足况。
吴山多佳石,胥江足良匠。
有能更作桥,旧式犹可仿。

(录自《晚晴簃诗汇·潘耒》)

注：

①万年桥：一在江西分宜，又名万岁桥，俗称东门桥，横亘于分宜县钤阳湖南部，是古分宜城通往南方的主要通道。一在江苏苏州胥门外，为横跨护城河上的一座桥梁。传说苏州万年桥在明朝嘉靖年间就已建在胥江上，当时，大权在握的严嵩视察政务来到苏州，站在万年桥上久久抚摩着栏杆和石狮，连连发出啧啧称赞之声。陪同严嵩的苏州知府看在眼里，在送走严嵩没多久，便借机谄媚，招来一批技艺高超的石工，对每一块石材进行编号后，按号拆卸，把这座万年桥拆得片石不剩，全部运往严嵩的家乡——江西省分宜县，并按原样重建在分宜县城口的袁水之上。

②胥门：位于苏州城西万年桥南，为春秋吴国建造都城时所辟古门之一，以遥对姑胥山（即姑苏山）得名。

③分宜相：指明代权相严嵩，因其为江西省分宜县人，故称。

④秀江：袁水在宜春城中的一段，由于风景秀丽，被称为秀江。

⑤严老：指严嵩。

泛洞庭湖

潘耒

九江①潴一湖，占地楚封半。
名城十二三，微茫缀湖畔。
夏秋水盛时，涵天四无岸。
中流吐日星，余波沸江汉。
我行值仲冬，水落势平漫。
犹然浩无涯，道里不可算。
安乡抵巴陵②，淹泊屡昏旦。
眠餐蛟龙窟，偃息冯夷③馆。
风涛猛堪惊，云物奇可玩。
霞蒸锦鲜新，日烁金灿烂。
水浮玻璃天，山横青玉案。
帆移畏回飙，雁度愁弱翰。
城中标五湖，雄奇此为冠。
平生慕图咏，及兹穷壮观。
最喜流潦清，客水尽消散。
全湖露真形，山川见条贯。
惟湖有容德，不盈亦不嘆。
世人昧远览，临流畏湍悍④。
不有大壑潴，数州尽沈灌。
配渎能停潆，比海齐浩瀚。

愧无郭木才，神功莫能赞。
亭毒思化源，望洋但三叹。

（录自《晚晴簃诗汇·潘耒》

注：
① 九江：宋人胡旦、朱熹等皆以注入洞庭湖的沅、湘等水为九江。
② 安乡：位于湖南省北部。巴陵：岳阳的古称。
③ 冯夷：中国古代神话中的黄河水神。
④ 湍悍：谓水势急猛。

水车

潘耒

世间大巧不自用,用物之力因自然。
力大无过风与水,驱使有道天无权。
帆樯辐毂皆圣作,水车奇妙尤无前。
筑防壅水令湍悍,冲波蹴踏车轮旋。
轮广丈余贯以轴,编筒其上巧在偏。
仰则吸水俯吐水,如瓶倾泻檐溜悬。
刳木为槽受其吐,驾空行远归于田。
神龙卷波谢迅疾,霖雨注地输连绵。
昼翻夜运不暂息,无人守视常转圜。
溪丁作碓舂米榖,山僧修笕行清泉①。
一家一户自便利,岂如普润泽不专。
汉阴丈人②戒机事,此非私智天机全。
于人无争物无损,其器可守法可传。
吴淞水平不可激,蟨蚿③相视休相怜。
但安桔槔守拙钝,勤苦亦自邀丰年。

(录自《晚晴簃诗汇·潘耒》)

注:

① 碓:木石做成的捣米器具。笕:连接起来引水用的长竹管。
② 汉阴丈人:子贡南游于楚,返于晋,过汉阴,见一丈人将为

圃畦，凿隧而如井，抱瓮而出灌，然用力甚多而见功寡。子贡曰："有械而出灌，一日浸百畦，用力甚寡而见功多，夫子不欲乎？"

③夔蚿：夔是古时候只有一只脚的神物，蚿有很多脚，夔就特别羡慕蚿。

五 溪港古人文选

《国史考异》序

潘耒

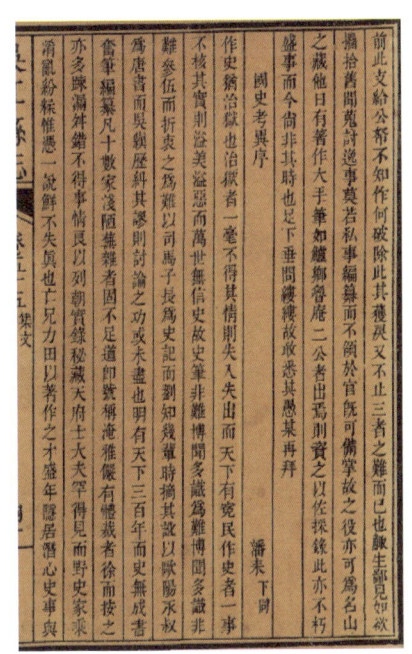

清乾隆《吴江县志》载潘耒《国史考异》序

作史犹治狱也,治狱者一毫不得其情,则失入失出,而天下有冤民,作史者一事不核其实,则溢美溢恶,而万世无信史。故史笔非难,博闻多识为难,博闻多识非难,参伍而折衷之为难。以司马子长①为史记,而刘知几②辈时摘其讹,以欧阳永叔③为唐书,而吴缜④历纠其谬,则讨论之功或未尽也。明有天下三百年,而史无成书,奋笔编纂凡十数家,浅陋芜杂者,固不足道,即号称淹雅⑤,俨有体裁者,徐而按之,亦多疏漏舛错,不得事情。良以列朝实录,秘藏天府士大夫罕得见,而野史家乘,淆乱纷糅,惟凭一说,鲜不失真也。亡兄力田⑥以著作之才,盛年隐居,潜心史事,与吴赤溟先生⑦搜讨论撰,十就六七。亡兄尤博极群书,长于考订,谓著书之法,莫善于司马温公⑧。其为《通鉴》也,先成长编,别著考异,故少牴牾⑨。李仁甫⑩傲其体,为《九朝长编》,虽无考异之名,而事迹参差者,备载于分注。盖必如是,而后为良史。于是博访有明一代之书,以《实录》为纲领,若志乘,若文集,若墓铭、家传,凡有关史事者,一切钞撮荟萃,以类相从,稽其异同,核其虚实,积十余年,数易手稿,而成《国史考异》一书,盛为通人所称许。专言国史者,野史家史不可胜驳,惟《实录》有疏略与曲笔,不容不正,参之以记载,揆之以情理,钩稽以穷其隐,画一以求其当,去取出入,皆有明征,不徇单词,不逞臆见,信以传信,疑以传疑,全史之良,略见于此矣。方诸近代,惟王弇州⑪《二史考》,钱牧斋⑫《实录辨证》,体制略同。然王氏略发其端,而未及博考,钱氏止成洪武一朝而余者缺,如兹编中亦援引二书,而旁罗明辨,多补二家所未及,且有驳二家所未当者。牧斋尝见此书,而贻书亡兄极相推服,有周详精密,不执不偏,知史事必成可信可传之语。藉令天假之年,从容撰次,俾有完史,纵未敢上追班陈⑬,下匹欧宋⑭,而视近代诸家之书,或当差胜。无端遭浔溪之难⑮,不与其事,而横罹其祸,并自著之书亦从灰烬。天实为之,谓之何哉!《考异》全书合有三十许卷,今惟存六卷,高皇、让皇、文皇⑯三朝之事,当考正者略具焉。不忍其泯灭,支缀旧刻,使之流通,呜呼!前汉之史成于班氏一门⑰,梁陈之书纂于姚氏两世⑱。余之谫陋⑲不能踵成信史,并《考异》散佚者,亦未遑补续,独抚遗编惭恨何穷。敢述亡兄著作之本指,与裁择之苦心,用告后人,此非史也,而作史之法具焉,虽孤行天下可也。

(录自清乾隆《吴江县志》)

注:

① 司马子长:西汉史学家、文学家司马迁。

② 刘知几:唐代史官,与朱敬则等撰《唐书》八十卷。

③ 欧阳永叔:北宋文学家、史学家、政治家欧阳修。

④ 吴缜:北宋史学家。

⑤ 淹雅:渊博。

⑥ 力田:潘耒之兄潘柽章。

⑦ 吴赤溟先生:吴炎。

⑧ 司马温公:北宋政治家、史学家、文学家司马光。

⑨ 牴牾:抵触,矛盾。

⑩ 李仁甫:李焘(1115—1184),字仁甫,一字子真,号巽岩,眉州丹棱(今四川省眉山市丹棱县)人,唐朝宗室曹王李明之后。著作颇多,大多失佚。今存《续资治通鉴长编》五百二十卷等。

⑪ 王弇州:王世贞(1526—1590),字元美,号凤洲,又号弇州山人,江苏太仓人,明代文学家、史学家。

⑫ 钱牧斋:钱谦益(1582—1664),字受之,号牧斋,晚号蒙叟、东涧老人,江苏常熟人,明末清初散文家、诗人,明末文坛领袖,与吴伟业、龚鼎孳并称为"江左三大家"。

⑬ 班陈:指班固、陈寿。

⑭ 欧宋:指欧阳修、宋祁。

⑮ 浔溪之难:指清初浙江南浔庄氏《明史》案。

⑯ 高皇、让皇、文皇：高皇，明太祖朱元璋；让皇，建文帝朱允炆；文皇，明成祖朱棣。

⑰ 班氏一门：指班固、班超、班昭兄妹及其父班彪。

⑱ 姚氏两世：指姚思廉及其父姚察。

⑲ 谫陋：浅薄之意。

《松陵献集》序

潘耒

清道光《平望志》载《松陵献集》序

吴江始立县在钱氏①。有国时，志书昉于朱长文②之《图经》。窦德远、吴本、史鉴、陈理、周永年③皆有作，并佚不传，唯莫氏、徐氏二志④存焉。莫志详而体裁未备，徐志简而疏漏甚多。自嘉靖至明末又百余年，旷无纪述，亡兄力田乃为《松陵文献》一书献以纪先贤之事迹文，以录邑人之诗文，文集未成，而遭浔溪之祸⑤，献集得诸烬。余后三十年，耒乃克校而梓之⑥。呜呼！史学之废，文人为之也，史以载事，事欲其核事苟核矣，文即不胜无害，事未核，而缘饰之，以文失实乱真，贻误千载，弊孰甚焉。昔人以旷世之才作一书，尝三四十年而后成，岂其文辞之难耶，罔罗事迹博考而精载之是为难耳，今之自命为文人者，方其读史专求文章之波澜，意度用以资其为文，一旦操史笔，亦惟求工于文词，而事迹之虚实纪载之牴牾有所不暇计，若然则苟据一家之书，稍加润色即可成史。班马氏⑦何须父子世为之，温公⑧何用集天下博达之士十九年而后成《通鉴》耶？亡兄与吴先生⑨草创《明史》，先作长编，聚一代之书而分划之，或以事类，或以人类，条分件系，汇群言而骈列之，异同自出，参伍钩稽⑩，归于至当，然后笔之于书，其详且慎如此，庶几不失古人著书之意。若《松陵文献》一邑之书耳，亦用此法为之，凡阅前代之史，明朝之实录，天下之志乘，古今之文集，有一字涉于吾邑者即钩摘疏记，积累成编。非直⑪嘉靖以后，自撰百二十余传而已也，于徐莫二志更定者六十余传，增立者又六十余传，订讹补阙确有根柢⑫，文辞简质，不事浮华，无溢美无支辞⑬，呜呼！良史如马迁⑭而班固称之不过，曰其文直，其事核苟直，且核史家之能事毕矣。自欧阳公⑮后，知此义者，盖寡未尝备员史馆，博观近文人之作，而益服亡兄之善著书，深痛其史之散佚，而幸此书犹存，谨刻之以行世，盖吾邑之文献得此而后足徵，且使人因此书以想见亡兄史书之大略与其结撰之苦心，则虽不传犹传也已。

（录自清乾隆《吴江县志》）

注：

① 钱氏：指吴越王钱镠。

② 朱长文：1039—1098年，北宋书学理论家，字伯原，号乐圃、潜溪隐夫，苏州吴人（今属江苏）。元祐中，起为本州教授，召为太学博士，迁秘书省正字、秘阁校理等职。所辑周穆王以来金石遗文、名人笔记，作《墨池》《阅古》2篇，为较早搜罗金石学遗文之名篇。

著有《吴郡图经续集》《琴台记》《乐圃余稿》《乐圃集》等。

③窦德远：生卒年不详，明吴江四都充浦人，洪武四年（1371）以明经征授礼部主客郎中，擢本部侍郎致仕，著有《松陵志》。吴本：生卒年不详，字云岗，明吴江人，尝定"韭溪八咏"，著有《增辑松陵志》。史鉴：1434—1496年，字明古，号西村，明吴江人，著有《礼疑》《礼纂》《西村杂言》《小雅堂日钞》《西村集》等。陈理：1478—1538年，字君明，明吴江同里人，著有《同川集》《宋元遗事》《吴江志稿》等。周永年：1582—1647年，字安期，号木公，别号吾家山人，明吴江人，周用曾孙，诸生，著有《吴都艺文志》《松陵别乘》《松陵先哲咏》《吴都法乘》等。

④莫氏、徐氏二志：指莫旦编纂的明弘治《吴江志》和徐师曾编纂的明嘉靖《吴江县志》。

⑤浔溪之祸：指清初浙江南浔庄氏《明史》案。

⑥梓之：刻印。

⑦班马氏：指汉代班固和马融。

⑧温公：指北宋司马光。

⑨吴先生：指吴炎。

⑩参伍钩稽：参伍，亦作参五，交互错杂，错综比较，加以验证；钩稽，也作勾稽，查考，核算。

⑪非直：不但，不仅。

⑫根柢：比喻事物的根基，基础。

⑬支辞：强为之辞，芜蔓虚饰之词。

⑭马迁：指司马迁。

⑮欧阳公：指北宋文学家、史学家欧阳修。

《晓庵遗书》序

潘耒

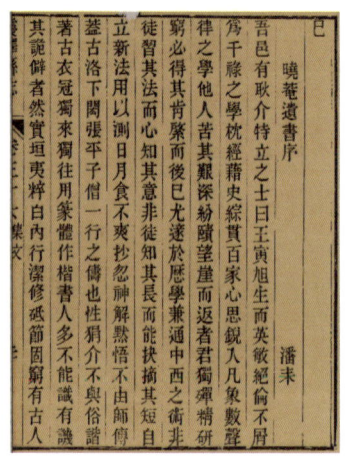

清乾隆《震泽县志》载《晓庵遗书》序

吾邑有耿介特立之士曰王寅旭[1],生而英敏绝伦,不屑为千禄之学,枕经籍史,综贯百家,心思锐入,凡象数声律之学,他人苦其艰深,纷颐望崖而返者。君独殚精研究,必得其肯綮[2]而后已,尤遂于历学,兼通中西之术,非徒习其法,而心知其意,非徒知其长,而能抉摘其短,自立新法,用以测日月食,不爽抄忽,神解默悟,不由师传。盖古洛下闳[3]、张平子[4]、僧一行[5]之俦也。性狷介[6],不与俗谐,著古衣冠,独来独往,用篆体作楷书,人多不能识,有讥其诡僻者,然实垣夷粹白,内行洁修砥节[7],固穷有古人之操,与亡兄力田最善,馆余家者数年。晚客语溪⑧，与张考夫、钱云启、吕用晦⑨，讲濂洛⑩之学，德望益尊，门人曰：进而疾病缠绵，以中寿⑪没，历学竟无传人，吁可悼也！

余少时，君以为才，而弟畜之讲论，常穷日夜，劝余学历。初有端倪，以事散去，不能竟学。余远游，及入仕，君数遗书⑫，以古谊相规⑬，深感其意。比余归里，而君已逝，且无子为拜其墓而哭之，从其家求遗书，大半亡佚，得诗文二帙，著书数种，有曰《大统历》《西历启蒙》者，橐括⑭中西历术，简而不遗，曰《丁未历稿》者。君每岁推《大统历》，此则挈余布算⑮者也，曰推步⑯交朔，曰测日小记者，辛酉八月朔，当日食，君以中西法及己法预定时刻，分抄至期，与徐圃臣⑰辈以五家法同测而已。法最密，故志之也。曰《三辰晷志》者，君创造一晷可兼测日月星，自为之说，自为之解。其文仿考工绝古雅，曰《圜解》者，解勾股割圜之法，绘图立说详言其所以然，乃治历之本源也，而《历法》六卷最为完书，会通中西，定著一法，法数备具，可用造历⑱。序中言，西历之于中历，有不知法意者，五事当辨者，十事非甚深于历，莫能晓也。

其诗沉郁刻深⑲，文简质⑳以理，胜而历说历策，左右旋问，答答万充。宗徐圃臣诸书，言历事者，尤精核可传，忆亡兄修史书，君分任十表，索其稿，无有矣。呜呼！天之生才将以济世也，历术之不明，遂使历官失其职，而以殊方异域之人充之，中国何无人甚哉！幸有聪颖绝世，学贯天人，能制器立法，如王君者而生世，不逢埋光晦迹，其学不见用于时，而亦无有能传之者，天之生君，果何为耶？幸其书犹存，其理至当，乌知异日不有表章推重，见诸施行者，是君亡而不亡也。谨录而藏之，稍有余力，则当镂版以广其传。宣城梅定九亦精历术，最服膺君著述，亟访求之不待，千载而有知子云之人，君亦可以无憾矣！

（录自清乾隆《震泽县志》）

注：

① 特立：谓有坚定的志向和操守。王寅旭：王锡阐。

② 肯綮：典故名，典出《庄子集释》卷二上《内篇·养生主》。"肯，著骨肉。綮，犹结处也。"后遂以"肯綮"指筋骨结合的地方，比喻要害或最重要的关键。

③ 洛下闳：落下闳（前156—前87），中国西汉民间天文学家。

④ 张平子：东汉时期著名天文学家张衡（78—139），字平子。

⑤ 僧一行：683—727年，唐代杰出天文学家。

⑥ 狷介：这里指性情正直，洁身自好，不与人苟合。

⑦ 内行：平日家居的操行。砥节：砥砺气节。

⑧ 语溪：为浙江省桐乡市崇福镇的古称。

⑨ 张考夫：张履祥（1611—1674），明末清初理学家，清初朱子学的倡导者，字考夫，号念芝，号杨园，浙江桐乡人，世居清风乡炉头镇杨园村（今属桐乡市龙翔街道杨园村），故学者称杨园先生。钱云启：约指钱澄之。吕用晦：吕留良（1629—1683），明末清初杰出的学者、思想家、诗人和时文评论家、出版家。又名光轮，一作光纶；字庄生，一字用晦；号晚村，别号耻翁、南阳布衣、吕医山人等。暮年为僧，浙江崇德县（今浙江省桐乡市崇福镇）人。

⑩ 濂洛：北宋理学的两个学派。"濂"指濂溪周敦颐，"洛"指洛阳程颢、程颐。

⑪ 中寿：所指年龄历来说法不一，如欧阳修，大致以50岁为中寿。王锡阐享年55岁。

⑫ 遗书：寄信。

⑬ 相规：互相规劝；互相劝勉。

⑭ 檃括：泛指矫正。

⑮ 布算：谓排列算筹，进行推算。

⑯ 推步：推算天象历法。古人谓日月转运于天，犹如人之行步，可推算而知。

⑰ 徐圃臣：明末清初浙江嘉兴人，著有《天元历法》等书。

⑱ 造历：制定历法。

⑲ 刻深：谓文字古奥峭拔。

⑳ 简质：简朴。

《古稽斋稿》序

潘耒

清道光《平望志》载《古稽斋稿》序

耒自髫龀②时,侧闻里中能诗者有徐君,盖徐君之治诗久矣。当崇祯末年,海内独知有所谓时文③之学,五尺童子粗通帖义,便可出取世资④,徐君意弗屑也,顾⑤独好诗,家故贫,弃绝百事而为之,当其苦吟湛思,精神寂寞,如据槁梧⑥之枝,如抽独茧之丝,蝉鸣鹤唳,不足为其凄清也。崩云断壁,不足为其幽峭也。偏至侧出,往往参会于古人,而世方以科举速化之学相夸诩,无能引重⑦

徐君者，见其涽涽闷闷，故笑以为迂愚，比遭世变，草泽⑧之士浸习为歌诗，而徐君屏居荒郊，授徒自给，绝不与啖名⑨之士驰骋上下，以故声名不出里巷间，而其自喜为诗益甚，老病无聊，流离转徙之状，一一见之于诗。诗亦益工，事亦益困。嗟乎！古人之穷士，若卢同⑩贾岛⑪之徒，其时方以诗赋取士，彼工其业而不遇，故以为奇，近代既不用诗，而徐君独为于举世不为之时，求穷而得穷，又何足怪，惟是昔之不为诗者，既不能因君之人以知其诗，今人稍稍为诗，复不能因君之诗，以知其人，斯可愧耳。君少与先人游处⑫，先人亟称之。兵后移居，先兄数相间问，而颜雪臞、叶桓奏⑬两先生尝序其诗，自外无知君者。耒北游归，即寓书索序。耒逡巡未就迄今三年，君不罪其稽缓，而索之不已，岂以愚陋如，耒犹能不忘先友而取之也。钦君诗，古体学陶韦⑭，闲淡之味，律体刻深，五言尤老健，其佳句如"美人南国尽，宝剑北风鸣""双鸿一箭落，孤骑九边游""月色不上树，水光常在天"之类，作者或未能过夫士腐心⑮含毫⑯，竭生平之力，以求工篇章，亦欲有闻于世，诚不意寂如此。凡物精气所注，理难磨灭。君诗虽不著于今，庶几⑰有传于后。钱虞山⑱集列朝，诗不尽满人意，而搜举废坠，无所失遗，樵人钓叟，断句残章，皆得附以垂名，汗简有功于文苑，不细君老矣，力不能自振后之，君子得君之诗，有能芟除冗率，标举⑲隽永，登于箧中之集，毋使与时文之士同湮没而无传，是通人⑳之责也夫。

（录自清道光《平望志》）

注：
①《古稽斋稿》：为徐周遇所著。徐周遇（生卒年不详），字隆生，明末吴江人，进士徐忱裔孙，县学生，家贫以训蒙为业，与潘耒之父潘凯友善，喜作诗。下文中的"徐君"即指其。

②髫龀：谓幼年。

③时文：流行于一个时期、一个时代的文体。时文的一个特定义是指科举时代称应试的文章。

④世资：为世所用。《文选·扬雄〈解嘲〉》："邹衍以颉颃而取世资，孟轲虽连蹇，犹为万乘师。"

⑤顾：文言连词，反而、却。

⑥槁梧：枯老的梧桐树。

⑦引重：标榜，推重。《史记·魏其武安侯列传》："灌夫亦倚魏其而通列侯宗室为名高。两人相为引重。"

⑧草泽：草野，民间。《史记·仲尼弟子列传》："孔子卒，原宪遂亡在草泽中。"

⑨啖名：好名，贪求虚名。明代李贽《答焦漪园》："真啖名不济事客，画作褒衣大冠，以堂堂巍巍自负。"

⑩卢同：即卢仝（约795—835），唐代诗人，汉族，范阳（今河北省涿州市）人，"初唐四杰"之一卢照邻的嫡系子孙，是韩孟诗派重要人物之一。

⑪贾岛：779—843年，字浪（阆）仙，又名瘦岛，唐代诗人。唐朝河北道幽州范阳县（今河北省涿州市）人。早年出家为僧，后受教于韩愈，并还俗参加科举，但累举不中第。

⑫游处：交游，来往。清代王士禛《池北偶谈·谈献二·二王好佛》："王右丞兄弟好佛，多与名僧游处。"

⑬叶桓奏：叶继武（1615—1673），字桓奏，明末清初吴江人。与吴宗潜、潘柽章等举"惊隐诗社"。叶继武倾赀结纳，人皆以孟尝君称之。卒后，同人私谥为高蹈先生。

⑭陶韦：东晋诗人陶渊明与唐朝诗人韦应物的并称。

⑮腐心：苦心。

⑯ 含毫：含笔于口中。比喻构思为文或作画。

⑰ 庶几：或许可以，表示希望或推测。

⑱ 钱虞山：指清初诗坛盟主之一的常熟钱谦益。

⑲ 标举：揭示，标明。《淮南子·要略》："《人间》者，所以观祸福之变，察利害之反，钻脉得失之迹，标举终始之坛也。"

⑳ 通人：学识渊博通达的人。

《町庐集》序[①]

潘耒

清道光《平望志》载《町庐集》序

莺脰湖,纳苕雪[②]五溪之水,圆澄湛碧,涵浸万象,云帆烟鸟,明灭天际,渔庄蟹舍,稀微林落间,极目之所触,无非诗境宜乎。居人多能为诗,前辈若曹颙若[③]有《枫江集》,钱廷佐[④]有《后溪集》,王坦庵[⑤]有《湖上集》,惜多散佚不传,先曾大父[⑥]参藩公,不以诗名,而赠戚翁守溪三诗,载在戚氏家乘[⑦],饶有风格。翁之子雪樵山人,亦善诗,赠先参藩一章,清逸绝伦。昔人不好名,故流传绝少。如今人,则梨枣⑧盈架矣。元公先生⑨，山人之孙，少有隽才，专精制举，四十以后，乃刻苦为诗，规模陶杜⑩，得清真闲澹之趣，抒写胸怀如田父⑪，话桑麻不假雕饰，自足精味，令读者躁心以平，浮气以静，有存乎言句之外者矣。今人侈口⑫风雅，乡里儿童粗学声律，便欲掉鞅⑬词坛，长笺短帙，纷然羔雁⑭，先生半生苦吟，不轻刻一字，亦未尝妄示人，曰：吾自喻⑮适志而已，非以求名也。既老，手勘一编，得古今体若干首，为《町庐集》，以遗子孙。盖戚氏之诗，学至先生而愈昌，其韬晦亦愈甚，是真能得山水之性情，有以自足而无求乎外者也。嗟乎！士之怀文抱质⑯，隐约田里，不屑与世驰骛⑰者，何可胜数，世人论次诗律，大率以虚名为去取，顾有声望烜赫，著作等身者，按其实或无足取，而穷乡下士，残编断简，乃有不可得而磨灭者，后之君子苟无耳食而啖名必将有取于先生之诗，并因诗以求其为人，桑盘⑱之东，环堵一区，町庐在焉，鹿裘⑲带索，倚树而吟千载，下犹可想其风致也。

注：

①《町庐集》：戚勋著。戚勋（生卒年不详），字元功，号勒斋，清吴江平望后溪人。县学生。入清后杜门教授，不复应试。弟子著录者以百数。晚居桑盘村，益韬晦，以吟咏自娱，清真闲淡得陶杜之趣。

②苕霅：是苕溪、霅溪二水的并称，在今浙江省湖州市境内。

③曹颙若：即曹孚（生卒年不详），字颙若，自号枫江布衣，明吴江平望人。工诗文，兼善丹青，隐居不仕，与同邑史鉴、尹宽和练塘凌震号"四大布衣"。著有《枫江集》《平望镇志》等。

④钱廷佐：即钱卿（1478—1531），字廷佐，自号后溪居士，明吴江平望后溪人。生未胜冠即善缀文，千言立就有奇语。然年过

四十方中乡试,人咸惜其遇之晚。著有《后溪集》等。

⑤王坦庵:即王忠(生卒年不详),字子良,号坦庵,明吴江平望声字圩人。资敏好学,由县学生入国子监,历任河南磁州通判,升四川成都府经历。母亲无人奉养,遂归。尝曰:"吾今而莺湖为吾有矣,其材可诗,其水可酒。"乃于舍旁构郊居。时与亲知顾道行、沈瓒、王叔承等相唱和。著有《抢榆集》《梁蜀集》《湖上集》《余生集》等。

⑥曾大父:曾祖父。

⑦家乘:家谱。

⑧梨枣:古代印书的木刻版,多用梨木或枣木刻成,所以称雕版印刷的版为梨枣。

⑨元公先生:即《町庐集》作者戚勋。

⑩陶杜:指晋代诗人陶渊明和唐代诗人杜甫。

⑪田父:老农。

⑫侈口:夸口,大言。

⑬掉鞅:显示才华。

⑭羔雁:小羊和雁,古代用为卿、大夫的贽礼。

⑮自喻:自晓,自解;自譬,自比。

⑯怀文抱质:出自曹丕《与吴质书》:"而伟长独怀文抱质,恬淡寡欲,有箕山之志,可谓彬彬君子者矣。"

⑰驰骛:奔走游说,追名逐利。

⑱桑盘:在平望莺脰湖南岸。

⑲鹿裘:粗制的大衣,常用隐士之服。

六 古人吟咏溪港人文历史诗选

清道光《平望志》载顾樵诗

秋日过潘力田[①]村居

顾樵[②]

频年著述掩柴关,
接岸芦花水一湾。
燕欲窥梁嫌帙满,
鸥常到户为人闲。
独传史笔推西汉,
已有移文效北山[③]。
世事等看朝槿[④]改,
相逢尊酒暂开颜。

（录自清道光《平望志》）

注：

① 潘力田：即潘柽章。

② 顾樵：1614—？，字樵水，号若耶居士。明末清初吴江人，工画，山水有名于时，兼善书法，工诗，有诗、书、画三绝之誉。曾入"惊隐诗社"，与顾有孝、徐崧并称高人。尝以画寄王渔洋，王渔洋题以诗，有"诗中有画画中诗"句。清康熙三十六年（1697）尚在世。年八十余卒。

③ 移文效北山：《北山移文》是一篇创作于南北朝时期的骈文，作者为孔稚珪（447—501）。

④ 朝槿：即木槿，花朝开暮落，故常用以喻事物变化之速或时间的短暂。

汾州祭吴炎①、潘柽章二节士

顾炎武②

露下空林百草残，
临风有恸奠椒兰③。
韭溪血化幽泉碧，
蒿里魂归白日寒。
一代文章亡左马④，
千秋仁义在吴潘⑤。
巫招虞殡⑥俱零落，
欲访遗书远道难。

（录自清光绪《平望续志》）

注：

① 吴炎：1624—1663年，字赤溟，吴江平望镇溪港人，明朝生员，同潘柽章等结"惊隐诗社"，与顾炎武交谊颇笃。明亡后，改号赤民，隐居授业，与潘柽章、王锡阐等撰《明史记》，书成十之六七时，因浙江南浔庄廷鑨《明史》案发，遭逮捕被害于杭州。

② 顾炎武：1613—1682年，明清之际思想家、学者，初名绛，字宁人，曾自署蒋山傭，江苏昆山人，学者称亭林先生。著作有《日知录》《天下郡国利病书》《肇域志》《亭林诗文集》等。

③椒兰：椒与兰，皆芳香之物，故以并称美好贤德者。
④左马：左丘明与司马迁的并称。
⑤吴潘：指吴炎和潘柽章。
⑥虞殡：送葬歌曲。

赐翰林院检讨潘耒

(康熙四十四年)

爱新觉罗·玄烨①

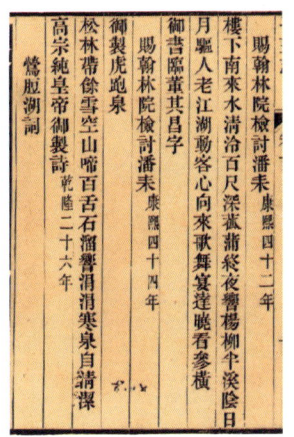

清道光《平望志》载康熙帝诗

御制虎跑泉②

松林带余雪,

空山啼百舌。

石溜响涓涓,

寒泉自清洁。

(录自清道光《平望志》)

注：

① 爱新觉罗·玄烨：1654—1722年，即清朝康熙帝。据史载，康熙帝曾六次南巡。据清道光《平望志》载，清康熙二十八年（1689），康熙帝抵临平望，制《入平望》诗，并作序："平望为江浙界，长吏以画舫五百来迎，恐劳民力，却之不御。"清康熙四十二年（1703），康熙帝又抵临平望，书元代赵孟頫《鱼乐楼》诗赐予平望籍翰林院检讨潘耒。清康熙四十四年（1705），康熙帝再次抵临平望，赐予潘耒《御制虎跑泉》诗。

② 虎跑泉：在浙江杭州市西南大慈山白鹤峰下慧禅寺（俗称虎跑寺）侧院内。

莺脰湖怀潘稼堂太史①

陈廷敬

江南行欲尽，四月不闻莺。
似惜归帆去，还调出谷声。
金衣犹婀娜，翠脰自分明。
春水多相称，莺湖最有名。
鸳鸯殊比昵，白鹭太孤清。
黛色山疑远，蛾眉画懒成。
映波随浩荡，流影任从横。
隐叶曾交颈，翻枝屡濯缨。
玉关人万里，金屋梦三更。
紫椹今当熟，雕笼未可婴。
沙鸥方共侣，野燕有谁争。
求友何寥落，聆音独和赓。
间关②初呖呖，睍睆正嘤嘤。
叹息伶伦老，无因奏凤笙③。

（录自清乾隆《吴江县志》）

注：

①潘稼堂太史：指潘耒。明清时，对翰林有"太史"之称，潘耒曾任翰林院检讨，故称。

②间关：象声词。形容婉转的鸟鸣声。

③凤笙：汉代应劭《风俗通义·声音·笙》："《世本》：'随作笙。'长四寸，十二簧，像凤之身，正月之音也……"后因称笙为"凤笙"。

清道光《平望志》载《赠稼堂》

赠稼堂[1]

黄 容[2]

烂溪卜筑水云宽,
采得莼丝佐夕餐。
身著儒冠长奉佛,
才高玉署[3]早辞官。
九州历遍游方壮,
万卷钞成兴未阑。
窗外梅花庭内竹,
梦魂清绝也应安。

（录自清道光《平望志》）

注：

① 稼堂：即潘耒。

② 黄容：生卒年不详，字叙九，一字圭庵，清平望人，少好学能诗，多从长者游，为吴炎高弟，有名于时。著述甚富，有《卓行录》《圭庵集》《东华绝句》《绮雪斋近咏》《尺牍兰言》等。

③ 玉署：指玉堂，翰林院别称。潘耒曾任翰林院检讨。

题黄叙九南阳草堂用潘稼堂太史原韵①

仲 治②

抗迹躬耕十亩间，
轩楹初辟自题颜。
漫凭缟纻③延东阁，
自爱松萝荫北山。
万卷拥床闲独展，
一门临水昼常关。
何时得近幽居住，
负耜④溪田数往还。

（录自清乾隆《震泽县志》）

注：

① 黄叙九：即黄容，见上页。

② 仲治：生卒年不详，字涤久，又字岷山，号洁涯，清吴江人，秀水县学生，补诸生，锐意经史。徐乾学重其文，留馆于家，且于康熙十八年（1679）荐举博学鸿词。年六十一卒。有《宝日堂集》等。

③ 缟纻：缟带和纻衣。缟带指用白色绢制成的大带，纻衣指用苎麻纤维织成的衣服。指交情笃深。

④ 耜：原始翻土农具耒耜的下端，形状像现在的铁锹和铧，最早是木制的，后用金属制。

·附：今人咏溪港诗作·

溪港古村落

陈志强

碧水淙淙横彩霓①，
小街深宅接田畦。
刘王②蝻害庙祠立，
勾践征吴甲士栖。
远浦归帆③扬绿浪，
平沙落雁④啄黄泥。
兰舟点点连莺脰⑤，
笠泽⑥茫茫两眼迷。

注：
① 彩霓：指东林桥和大庆桥。
② 刘王：指元代将军刘承忠，相传为驱除蝗虫的能手。
③④ 远浦归帆、平沙落雁：为以前"韭溪八景"中的二景。
⑤ 莺脰：指溪港南边的莺脰湖。
⑥ 笠泽：太湖的古称。从溪港往西行不多远，即是太湖。

秦东园[1]故居

陈志强

小河[2]汩汩碧粼粼，
秦氏宅园相比邻。
庆善厅堂[3]犹古朴，
永安泉水[4]尚清纯。
悬壶匡世才华溢，
济困扶贫德行淳。
后苑林葱花草茂，
当思昔日种栽人。

注：

①秦东园：平望溪港人，吴江著名中医，其故居位于平望镇河西街。

②小河：指秦东园故居门前东侧的平望市河，经北新桥（北木桥）、新桥（开泰桥）、人民桥（中木桥），流至劳动桥（太通桥）与颊塘、莺脰湖汇合。

③庆善厅堂：秦东园故居第三进悬有"庆善堂"匾。

④永安泉水：秦宅后天井内存有古井一口，青石井圈上镌有"永安泉"字样。

七 古人撰述溪港人文历史文选

清道光《平望志》载《与潘生次耕书》

与潘生次耕书

徐枋

次耕足下：

自古文章名世，立言不朽者多矣。而惊才天纵，横绝古今，当成童之时，擅国士之誉，而卒能有以自立。其文辞不少概见，可指而数也。于此，见天之生才实难，非所谓千里比肩，百世接踵者乎？次耕足下今年始十八耳，而落笔千言，汪洋自恣，辞赋悬于日月，才调惊于风雨，骚人词伯①见而敛手。此不特今人之所绝无，即求之古人，亦所仅有。昔人谓文章风气关乎世运。如足下之挺生以几成立，不将大振风雅，起衰扶敝，足为世道庆乎？而仆则尚有惓惓之愚，欲进之于足下也。

昨四月十二日，得读足下《登华山》诗，问知足下年甚少，便已惊绝，心中时时有足下。及儿子持足下《还山吟韩蕲王墓碑歌》

来再读之,则益惊喜过当,叹息绝倒,而复不能不为周详,忧念于足下也。

嗟乎!天之生才实难,而耗才甚易。物之尤者,忌必集之,故富极贵溢,灾祸横生,况天之忌才倍甚于富贵乎?贾谊②年十八,诵诗属文,名振洛阳。终军③年十八,上书天子,发策汉廷。陆云④年十六,为《芍药赋》,辞义并美。王勃⑤年未冠,射策高第,献颂阙下。之数子者,莫不抱不世之才,骛天纵之姿,以游于不朽之林,则其所成就宁有量哉?而夷考其实,卒未有雠其才者。独贾谊辞赋之盛比于风骚,治安之书聿称王佐,可谓斐然有成矣。而乃以锐于制作,纷更无序,以致卒绌于时。识者犹不能不致憾于谊之不能用孝文,非孝文之不能用谊。繇兹以谈,生才既难,成才尤难,而处才益更难也。有奇才者,必有奇陁。得之太奢,失之亦太剧。盈虚消息,物理固然。所以古来贤才奇杰之士,大都死生契阔,颠沛流离,家道坎坷,身婴沉痼。其所遭遇,必极人世之所不能堪,有不可一朝居者。然而或成或废,所立迥殊,则所以处其才者异也。故才一也,善处之,则日月争光,不善处之,则草木同腐,湮没不传。可胜悼哉!可胜悼哉!

夫桃李之花,非不秾丽也,蒲柳之生,非不郁怒也,而风雨以零之,霜雪以藉之,而扫地尽矣。无他,彼固徇其华,而未徇其实,有其外而未有其内也。若松柏之有心,竹箭之有筠,则不然矣。所以贤才奇杰之士,其所为死生契阔,颠沛流离,家道坎坷,身婴沉痼者,固天之所以陁之,亦正天之所以成之也。第为松柏、竹箭则成,为桃李、蒲柳则废耳。虽然,其所以为松柏、竹箭者又岂异人任哉?

次耕足下,仆固未深知足下,然就一二所闻,及往往见足下诗歌中所称述,则足下之遭遇亦良苦矣。仆甚为足下痛之,而又为足下幸也。足下既抱不世出之奇才,擅穷人益工之绝艺,而天复以忧患坎坷玉汝于成，则天之所以与足下者甚厚。而足下其可轻用其才，而轻视其所遭乎？忧患以动其心，穷愁以坚其骨。而益静其居处，简其出入，严其师友，收敛其才华，充拓其器识，藏其锋以需大试，养其气以期大成，则异日所成就，又岂古今一才人能尽足下哉？足下才不患不奇，名不患不闻，而仆之所以惓惓不能已于足下者，其有才而善成之，成之而善处之也。

高密侯邓禹⑥光佐中兴，功流天壤。元宰通侯⑦年二十四，则其才亦甚奇矣。然未尝以年之太少，才之太奇，而婴造物之忌。来人世之尤富贵寿考，以功名终，无他，其所以处才者善也。昔阮籍⑧见张华⑨《鹪鹩》之赋，而识为王佐之才。王适读陈子昂⑩《感遇》之诗，而知其为海内文宗。以今观昔，去人不远。以足下之才，何难诣此。然藏之不固，则发之不长，试之屡罢，则千里一蹶。故仆所愿于足下者，旂常钟鼎之勒铭，清庙明堂之雅颂，成一代之制作，为词林之盛事。立言不朽，与德功齐，岂徒龊龊铅椠，月露风云而已哉？《语》云："千钧之弩，不为鼷鼠发机。"又云："冲风之末，曾不能飘鸿毛。"盖谓大器之不可轻试，而力殚者不可复振也，是亦望足下之善处其才也。举世横流，知音者希。次耕足下，幸勉自爱。

（录自清道光《平望志》）

注：

① 词伯：称誉擅长文词的大家，犹词宗。

② 贾谊：前200—前168年，洛阳（今河南洛阳东）人，西汉初年著名政论家、文学家，世称贾生。司马迁对屈原、贾谊都寄予同情，为二人写了一篇合传，后世因而往往把贾谊与屈原并称为"屈贾"。

③ 终军：约前133—前112年，字子云，西汉济南人，著名政治家、外交家。他曾先后成功出使匈奴、南越。战前"请缨"的典故就是

出自他出使南越的故事。

④ 陆云：262—303年，字士龙，吴郡吴县（今江苏苏州）人，西晋文学家，东吴丞相陆逊之孙，东吴大司马陆抗第五子。与其兄陆机合称"二陆"，曾任清河内史，故世称陆清河。

⑤ 王勃：约650—约676年，唐代诗人，字子安。古绛州龙门（今山西河津）人，与杨炯、卢照邻、骆宾王并称为"初唐四杰"。王勃在诗歌上擅长五律和五绝，主要文学成就是骈文，代表作品有《滕王阁序》等。

⑥ 邓禹：2—58年，字仲华，南阳新野人，东汉初年军事家，云台二十八将第一位，年二十四，即被拜为大司徒，封为酂侯。

⑦ 元宰：丞相。通侯：爵位名，秦及汉初原名彻侯，因避汉武帝刘彻名讳，改作通侯，又称列侯。

⑧ 阮籍：210—263年，三国时期魏国诗人，字嗣宗，陈留尉氏（今河南省开封市尉氏县）人。竹林七贤之一，曾任步兵校尉，世称阮步兵。崇奉老庄之学，隐晦是他诗歌的最大特色。

⑨ 张华：232—300年，字茂先，范阳方城（今河北固安）人，西晋时期政治家、文学家、藏书家。学识渊博，工于书法，记忆力极强，被比作子产。

⑩ 陈子昂：659—700年，字伯玉，梓州射洪（今属四川射洪）人，唐代文学家，初唐诗文重要的革新人物之一。

虎林军营①唱和

钮琇②

吴愧庵名炎,潘力田名柽章,才望相埒③。康熙癸卯④二月,同以史事株连,逮系虎林军营。吴有《营中送春》诗云:"一半春光缧绁过,唾壶敲缺待如何。莺声啼老听难到,柳絮飞残扑转多。晼晚斜阳连雉堞,朦胧短梦绕岩阿。不堪往事成回首,总付钱塘东逝波。"潘《漫成四首》,其一:"抱膝年来学避名,无端世网忽相婴。望门不敢同张俭,割席应知愧管宁。两世先畴悲欲绝,一家累卵杳难明。自怜腐草同湮没,漫说雕虫误此生。"其二:"吴关一路作羁累,棘木庭前听五词。已分残形轻似叶,却怜卫足不如葵。下堂真愧先贤训,抱璧几同楚客悲。从使平反能苟活,他年应废《蓼莪》诗。"其三:"圜土初经二月春,薰风又到絷维身。流萤夜度绨袍冷,采蕨朝供麦饭新。敢望左骖归越石,还期长瓃拟灵均。多情最是他乡侣,闲谱龟兹慰苦辛。"其四:"阅历风霜只自疑,难将身世问时宜。穷愁只合吾侪事,姓氏羞为狱吏知。见说成书刑铸鼎,不闻有梦召胥靡。南山此去躬耕好,未可重题酒后诗。"吴《怀古》四首,《咏岳忠武》云:"将军野战最知名,半壁河山一力撑。义在《春秋》臣节殚,法过韬略阵云明。运移宋历终江海,功就蕲王敢弟兄。痛饮黄龙千载恨,钱塘夜夜有潮声。"《咏伍相国》云:"闾阖行歌未死身,一言投契作宗臣。报仇暮日忘荆国,抉眼衰年看越人。罗刹江头潮最怒,姑苏台畔草长新。虫沙猿鹤无穷化,愿向波涛问大神。"《咏苏文忠》云:"杭州刺史最风流,箫鼓楼船春复秋。讥诮每撄丞相怒,判书常应老翁求。

六桥花柳蒙遗泽，两岸湖山纪胜游。当日怜才岂无意，峨嵋夜月照高丘。"《咏于忠肃》云："开元城外黑云屯，土木营边日月昏。手挟六龙群喙定，身担一线国威尊。战争有几禁南牧，缯币无多返北辕。两字狱成明主惜，高名赢得并乾坤。"《与美生对酌绝句》云："平生恨不学屠沽，输与高阳一酒徒。此日尊前须尽醉，黄泉还有卖浆无？"是岁五月，吴与潘俱磔于杭之弼教坊⑤，同死者二百余人。先一日吴语其弟曰："我辈必罹极刑，血肉狼籍，岂能辨识？汝但视两股上各有一火字者，即我尸也。"闻者无不流涕。

（录自清钮琇《觚剩》）

注：

① 虎林军营：在杭州，潘柽章和吴炎因涉南浔庄氏《明史》案被关于此。

② 钮琇：1644—1704年，字玉樵，吴江南麻（今属盛泽）人。清学者、文学家。著有笔记小说《觚剩》《觚剩续编》。《觚剩》八卷，其中吴觚三卷，燕觚、豫觚、秦觚各一卷，粤觚二卷，记述明末清初杂事。《续编》四卷，其中言觚、人觚、事觚、物觚各一卷。

③ 相埒：相等。《梁书·文学传上·何逊》："时有会稽虞骞，工为五言诗，名与逊相埒。"

④ 康熙癸卯：康熙二年（1663）。

⑤ 弼教坊：在杭州，宋时称官巷。宋室南渡后，置睦亲宗学于此，地名睦亲坊。明代，此地是按察使署所在，署前设两块牌坊，一曰"明刑"，一曰"弼教"，弼教坊名由此而来。

力田遗诗

钮琇

潘柽章著述甚富，悉于被系时遗亡，间有留之故人家者，因其罹法甚酷，辄废匿之。如《杜诗博议》一书，引据考证，纠讹辟舛，可谓少陵①功臣。朱长孺②笺注，多所采取，竟讳而不著其姓氏矣。余幼从学吴南村③夫子时，曾录其古近体诗数篇，留敝箧中，今检而存之，并著《博议》所自，以俟能表章者。其《读五代史》云："唐室乱天纪，鸷猛化侯王。健者夜一呼，万乘起傍徨。取守既同道，贻谋安得良。遂令燕云地，化为狼与羊。倒受太阿柄，失势还自戕。有宋鉴其弊，居重御四方。矫枉失之过，国威遂不强。善哉府兵制，作法贵于凉。"《卜居二首》云："每爱西山好，烟霞无蚤昏。茶香晴送鹤，果熟晓争猿。得意花颜色，会心鸟语言。幽寻偏得性，独往志空存。""极望草萋萋，春原肥乳羝。青桐谁见实，朱凤尔何栖？短褐晨霜重，征尘夕照低。浣花溪有约，杖履不应违。"《关山月》云："绣衣金匼匝，宝马铁连蜷。出身誓向边场死，那能宛转妻儿前！离家复见故乡月，见月思乡情不歇。天山飞鸟却向南，陇头流水分呜咽。幕前健儿歌且悲，霜寒风劲胡马肥。闺中远不闻吹笛，塞上愁谁听捣衣？可怜夜夜关山月，只照从军不照归。"《丁亥春与文心兄理平川旧业，归途有感》云："草堂幸巳赋归来，别业蓝田且共栽。废驿旧经征战尽，野花初向别离开。数通画角连笳起，一树斜阳带鸟回。照水独怜华发改，诗棋两事老余才。"《忆戊子秋过外家东衡里，因寄表弟章伯升》云："数载烽烟隔渚隈，清溪野色望中开。山将落日排云去,水抱孤帆拂岸来。巷口燕巢春绕树,门前虎迹晓冲苔。援琴四壁贫何恨,孙叔当年不治财。"《奕隐赠云间谢绎之用枰字》云:"扁舟问我雪溪行,坐觉九峰秀色生。当局尽从疑处失,先机谁向败中争。白云侵户明书几,红叶当阶覆石枰。身世渔樵何处稳,独能蝉蜕任浮名。"《酬王云顽夕坐有感见寄》云:"虚无映卷帘,林壑尚余炎。露咽蝉高树,风吹月短檐。雄谈曾压胆,怪事几张髯。郑重瑶华赠,聊从紫气占。"《灵严怀古》云:"半空塔影迥参差,入眼兴衰欲问谁?麋鹿有情伤地僻,草花无主恨年移。溪山尚倚吴王剑,江月空弯西子眉。薄暮老僧为指点,白云封处六朝碑。"《和陶乞食诗,赠乞食诸公并序》云:"辛卯秋,村民十百为辈,望门投食。予谓救灾恤邻,谊也。况上无所呼号,下不为剽劫,而俯首一饭,犹良民也。渊明旧谷既没,新谷未登,日月尚悠,为患未已。乞食贤者之事,乃众人优为之。慨然有作:沟壑势所迫,贸贸行安之。促步望烟火,低头好言辞。善悉主人意,高义无嗟来。升斗竭所余,满腹辄废卮。感激话畴昔,内热鲜羊诗。同里无赈恤,曷云济世材。愧客供给薄,强饭以相贻。"《移居诗赠人》云:"近知卜筑到江滨,遁迹聊依水岸分。波底白鸥渔有国,天边苍荚雁为群。故乡回首桑麻接,曲径通人鸡犬闻。吾亦经营沧海计,乘槎浩荡一从君。"

(录自清钮琇《觚賸》)

注:

① 少陵:指唐代诗人杜甫,杜甫自号少陵野老。

② 朱长孺:原名遐,又名元胤、元育,别字玉哲,号月岩,浙江温岭人。崇祯六年(1633)举人。顺治十六年(1659)授直隶武强知县,后升兵部主事,旋卒。著有《易经手授》《论学渊源》。门人称其为"文穆先生"。

③吴南村：即吴廷桢，字山抡，江苏长洲（今属苏州）人。生卒年不详，清康熙三十五年（1696）举人，以北籍被黜。清圣祖南巡，迎驾于郊，巡抚宋荦指以奏道："此吴中才子也。"帝因以巡幸为题，限江韵试之，诗将成，帝适问："行抵何处？"左右答道："已抵吴江"。廷桢因作结句云："民瘼关心忘处所，侍臣传语到吴江。"帝大悦，赐复举人，入直武英殿。康熙四十二年成进士，改翰林院庶吉士，授编修。吴廷桢淡于名利，专致力于书局，尝纂修《佩文韵府》《月令辑要》。其为文浑然天成，尤工诗。所著有《南村集》《古剑书屋文钞》等。

清光绪《平望续志》载沈登瀛文

跋王晓庵、潘稼堂① 两先生墨迹

沈登瀛②

右墨迹二纸,家退甫得诸张佩蕙③先生后人,转以贻余者也。前《绝粮诗》五首,见于《王晓庵先生集》,其为王先生手书无疑。诗后云"并录呈政",想尚有尺牍,故不著姓名。两先生为金石交,退甫断为录示张先生者,良是。后诗一首署吴琦姓名。案徐俟斋④先生《居易堂集·潘母吴太君五十寿序》题注云:门人潘耒,时避难,变姓名吴琦,奉母居山中。盖稼堂检讨以兄力田先生牵连史案罹祸,故权从外姓,诗当在是时作。今不见《遂初堂集》者,想少时所作,未存稿耳。王先生学贯天人,吉光片羽,流落人间,固可宝贵。潘检讨出处虽与先生殊,《三复晓庵集·与潘次耕书》未免为之叹息。然潘之出山,亦有大不得已者,较世之希宠干进辈大相径庭,终不失为文苑中完人，况皆赠张先生者。张名嘉玲，字佩葸，桐乡张杨园⑤先生高弟子，见《震泽县志·儒林传》。因合付装，前辈风流，非特人品学问迥不可及，即技艺之微不求工而自工古人，事事胜人，岂虚语耶？道光辛卯九秋⑥，后学沈登瀛敬记。

（录自清光绪《平望续志》）

注：

① 潘稼堂：即潘耒。

② 沈登瀛：清代浙江湖州人，著有《乾隆湖州府志记疑》《重定府志州县表》《长兴刑志条辨》等。

③ 张佩葸：即张嘉玲（生卒年不详），字峿瞻，一字佩瞻，又字佩葸，清吴江严墓人，清顺治十四年（1657）入江庠。潘耒云：佩葸才藻与兄埒，初锐意进取。即从桐乡张履祥游，饬躬砥俗，非义不履，力排杂学，以程朱为宗。著有《安孝先生遗稿》《周礼说略》《杨园先生训门人语》等。

④ 徐俟斋：即徐枋。

⑤ 张杨园：即张履祥。

⑥ 道光辛卯：即道光十一年（1831）。九秋：指秋天，也指九月深秋。

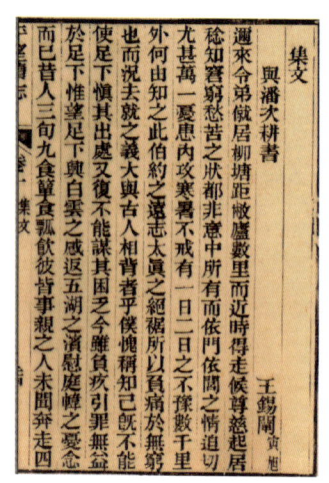

清光绪《平望续志》载《与潘次耕书》

与潘次耕书^①

王锡阐

迩来令弟僦居柳塘,距敝庐数里而近,时得走候尊慈^②起居,稔知窘穷愁苦之状,都非意中所有。而依门依闾之情,迫切尤甚。万一忧患内攻,寒暑不戒,有一日二日之不豫,数千里外,何由知之?此伯约之远志^③,太真之绝裾^④,所以负痛于无穷也。而况去就之义,大与古人相背者乎?仆愧称知己,既不能使足下慎其出处,又复不能谋其困乏。今虽负疚引罪,无益于足下,惟望足下兴白云之感,返五湖之滨,慰庭帏之忧念而已。昔人三旬九食,箪食瓢饮。彼皆事亲之人,未闻奔走四方,以求所谓养也。若以信志约亲为疑,愚则以为此非先圣之传言,不足惑也。何也?孔孟之书言孝者多矣。有以循礼为孝,有以承意为孝,有以不贻父母以忧为孝,而其大指,不外于竭力守身之义,未尝专以口腹之奉为孝也。故孝子之得自致于亲者有分，而圣贤之责人也有方。果以信志约亲为不孝，是不可致者而责其致之也。若然，则绌其志，毁其行，汙辱其身，窃取权势以为亲荣，牲鼎牢醴以乐晨夕，斯孝之至乎过矣。况乎穷通时也，得失命也。与其皇皇歧路求无所得而约其亲，孰若闭户息游，授几捧杖而约其亲之无憾于心与？且太夫人荼蘖清操，贤名素著，嗜义安贫，远近所孚。次耕尤不宜呹呹于仰事之故，驰驱于奔竞之塗，以为晚节累也。

（录自清光绪《平望续志》）

注：

① 潘次耕：即潘耒。

② 尊慈：指潘耒母亲。

③ 伯约之远志：伯约指姜维（202—264），三国时期蜀汉著名军事家，原为曹魏天水郡中郎将，后降蜀汉，官至凉州刺史、大将军。《三国志·姜维传》曰："初，姜维诣亮，与母相失，复得母书，令求当归，维曰：'良田百顷，不在一亩，但有远志，不在当归也。'"

④ 太真之绝裾：太真指温峤（288—329），字泰真，一作太真，东晋名将，太原祁县（今山西祁县）人，17岁出仕，积功至司空府左长史。后任江州太守、骠骑将军等，加散骑常侍，封始安郡公。死后赠侍中、大将军，谥号忠武。据载，当年刘琨劝温峤去江南劝说司马睿即帝位。当时兵荒马乱，温峤之母崔氏担心儿子的安危，极力阻止。但温峤以国家大计为重，毅然扯断母亲拉着的衣襟而去。后来，崔氏病亡，温峤被战乱所阻无法回家葬母，十分痛悔。

清道光《平望志》载《遂初堂集》序

《遂初堂集》序①

许汝霖②

吴江潘夫子③,道航圣渎,材栋儒林。孝弟根心,树五常之轨范;文章报国,萃六籍之菁英④。张茂先之洽闻,三十余乘;郑夹漈之博物,五十八签⑤。莫不原始要终,望表知里。加以吟鞭吊古,蜡屐寻幽,登泰岱而涉黄河,眼高四海;上会稽而探禹穴,胸著千年。波起洞庭,遥闻广乐;月明太华,独听清钟⑥。求笙吹于伊川,仙人宛在;想箫声于汾水⑦,古韵依然。五岭逢人,梅花如雪;三泷放棹,荔子初丹。访李白之弟昆,淹留庐阜;问篯铿⑧之孙子,踯躅幔亭。舟车穷宇宙之奇,笔墨擅江山之秀。况乃支郎今日,摩诘前身⑨。心会真如,义闻第一;光生湛寂,语契蒯三。清众筵边,曾阐羊车之教;净名席上,咸谙龙树之神⑩。故凡九章三统之书,得其原本;四声五音之学,辨至毫厘⑪。而平生得力,尤在十翼⑫之中。精义入神,不袭九师之说。管公明服其旨远，王辅嗣让厥辞文⑬。固已秦肆金轻，周京纸贵者也。于时赋传黄案，恨不同时；诗入丹霞，惊为才子。下弓旌于高密⑭，给笔札于尚书。游岛上之三神，厌人间之千佛。露门造膝，非仁义不陈帝前。广厦说经，有语言必妙天下。编华林之七录，近领邹枚；擅史局之三长，远同迁固⑮。龙鳞不世，则鱼鲔皆惊；虬干有年，则虮蜉难撼。闻枕中之秘，借读盈门；索亭上之元，求观如堵。洪澜巨派，尽号文雄；大手名人，交推独步。夫摛文以传世，道隆则尊；养气以立言，德成者上。方朔三千之牍，徒骋才情；康成百万之言，有功经传。夫子胸吞云梦，心湛秋阳。感物造端，括囊乎道艺；模山范水，涵永乎性灵。诗本风骚，文兼崔蔡⑯，可以呵磨鞍瘃，可以澡雪精神。元酒太羹，蕴古今之至味；黄钟大吕，寓天地之元音。岂犹岳浅机芜，元轻白俗，所能望其万一也哉⑰？霖帘下传衣，座中授简，虽当前数仞，从入无门，而畴昔瓣香，依归有日。讵意斯文寂寂，吾道茫茫，思北面其何年，入南柯兮无路。所幸杜陵诗在，喜家法之有传；顾涕情深，辑遗经而复觏。呜呼！重游海上，钟期授写怨之琴；藏在山中，李汉制编年之序⑱。天无意于后死，人有感于前型。敬附詹言，泪零末简，谨序。

（录自清道光《平望志》）

注：

① 遂初堂：潘耒的藏书室名。

② 许汝霖：生年不详，卒于清康熙五十九年（1720），浙江海宁硖石人，字时庵，号且然。清康熙二十一年（1682）进士，选庶吉士。曾督江南学政，历任礼部侍郎、吏部侍郎，后晋升礼部尚书兼理吏部。后告归，康熙亲书"清慎勤"匾额以赐。性孝友，行谨饬，工于诗文，著有《易经说》《钝翁文钞》《四书大观》《德星堂文集》等。

③潘夫子:指潘耒。

④五常:指仁、义、礼、智、信。六籍:即六经,为《诗》《书》《礼》《易》《乐》《春秋》。

⑤张茂先:即西晋政治家、文学家、藏书家张华(232—300),字茂先。郑夹漈:即宋代史学家、目录学家郑樵(1104—1162),世称夹漈先生。

⑥广乐:盛大之乐,多指仙乐。太华:即西岳华山。

⑦伊川:水名,在河南。汾水:水名,在山西。

⑧籛铿:今人称"彭祖",一作彭铿,道家先驱,是中国远古道家的重要人物,他以善养生而长寿。

⑨支郎:意为汉末、三国时僧人支谦,也指晋代高僧支遁。摩诘:唐代诗人王维。

⑩羊车:佛说三车之喻,羊车、鹿车、白牛车,羊车指声闻乘。龙树:菩萨名,旧称那伽曷树那,以龙成道。

⑪九章三统:九章,即九畴,指传说中天帝赐给禹治理天下的九类大法,即《洛书》,泛指治理天下的大法;三统,指夏、商、周三代的正朔。四声五音:四声,古代汉语的四种声调,即平、上、去、入;五音,即宫、商、角、徵、羽。

⑫十翼:即《易传》,是解释《易经》(《周易》)的专著,出于孔门之手,共有十篇,因此又称《十翼》。

⑬管公明:即管辂(209—256),三国时期曹魏术士,字公明,平原(今山东德州平原县)人。年八九岁,便喜仰观星辰。成人后,精通《周易》,善于卜筮、相术,习鸟语,相传每言辄中,出神入化。体性宽大,常以德报怨。正元初,为少府丞。王辅嗣:即王弼(226—249),魏晋玄学理论的奠基人,字辅嗣,山阳郡(今河南省焦作市山阳区)人。

⑭弓旌：泛指招聘贤者的信物。高密：郑玄是山东高密人，邓禹以功封高密侯。

⑮邹枚：汉代邹阳和枚乘的并称。迁固：司马迁与班固的并称。

⑯崔蔡：东汉崔骃、蔡邕的并称，二人皆以文章闻名。

⑰岳浅机芜：岳指西晋潘岳，机指西晋陆机，古有"潘文浅而净，陆文深而芜"之评说。元轻白俗：对唐代诗人元稹和白居易诗风的一种评语，谓前者轻佻，后者俚俗。

⑱钟期：指钟子期。李汉：为唐代韩愈女婿，又为门人。

清道光《平望志》载李重华《韭溪渔唱集》序

《韭溪渔唱集》[1]序

李重华[2]

陶公[3]言，常著文章自娱，颇示己志，而杜老[4]亦云，陶冶性灵存底物，新诗改罢复长吟，固知古人不朽之作，原不必动，与世故相关，其涵养身心，优柔而厌饫者[5]，正大有当于虞廷[6]永言之，文宣圣[7]无邪之旨矣。昔吾友雪厂秦先生[8]早岁即工于诗，顾深自敛抑[9]，不欲出以问世。自余出门远游，相隔垂三十年。余归，而先生已没，无缘良晤唱酬，一窥其平日美制也。今岁夏，令子图南携其所刊《韭溪渔唱集》示余，兼属为序。余受卒业[10]，慨然以把臂[11]，日少未罄先生雅抱为恨，继又爽然，于是集之传，使人人如睹先生之高躅[12]为快。盖先生品至高，其作诗专藉调摄心志，故其词雅正明洁，舒愉自得，去外间纤丽，诡僻之作远甚。予尝谓琴音者禁也，诗者持也，能诗而荡佚其志，犹抚琴，而入淫哇[13]之响也。

今先生善持,如是谓足远绍。矗哲俯视流辈何疑焉。余既论先生诗,俾知诗者爱而专之,兼喜令子能珍护,是编将流徽⑭,殊未可量也,因书以酬其请云。时乾隆辛未仲冬。

注:
① 《韭溪渔唱集》:为溪港人秦时昌所作。
② 李重华:1682—1755年,字实君,号玉洲,清吴江人。少从长洲张大受游,复学朱彝尊。康熙四十年(1701)取入江庠。雍正二年(1724)进士,改翰林院庶吉士,散馆授编修。乾隆八年(1743)修《大清一统志》,分纂江西。著有《三经附义》《玉洲诗话》《贞一斋集》等。
③ 陶公:指东晋文学家陶渊明。
④ 杜老:指唐代诗人杜甫。
⑤ 优柔而厌饫者:比喻为学之从容求索,深入体味。明宋濂《故东吴先生吴公墓碣铭》:"遐迩学徒,争奔走其门,先生随其资器,孳孳训迪,必使优柔厌饫而后已。"
⑥ 虞廷:指虞舜的朝廷。相传虞舜为古代的圣明之主,故以"虞廷"为"圣朝"的代称。
⑦ 文宣圣:指孔子。
⑧ 秦先生:指《韭溪渔唱集》的作者秦时昌。
⑨ 敛抑:抑制。明徐渭《拟上督府书》:"深自敛抑,未尝有一言以闻于人。"
⑩ 卒业:卒,完毕,结束。《荀子·仲尼》:"文王诛四,武王诛二,周公卒业。"
⑪ 把臂:握持手臂,表示亲密。
⑫ 高躅:崇高的品行。《晋书·隐逸传赞》:"确乎群士,超然绝俗,

养粹岩阿,销声林曲。激贪止竞,永垂高躅。"

⑬淫哇:淫邪之声,多指乐曲诗歌。《文选·嵇康〈养生论〉》:"目惑玄黄,耳务淫哇。"

⑭流徽:此处指流传的好名声。王闿运《序》:"流徽未湮,思追芳躅。"

八 溪港对联选萃

东林桥

东林桥　　　　东林桥下联　　　东林桥上联

东林桥，为苏州市文物保护单位，位于平望镇溪港村，拱形单孔，东西走向，初建无考，明代嘉靖年间（1522—1566）、清顺治三年（1646）两度重建，嘉庆三年（1798）重修。

浩渺波光涵笠泽，
参差帆影接莺湖[①]。

注：
① 莺湖：即平望莺脰湖。

刘猛将军庙

刘猛将军庙

刘猛将军庙，为祭祀元代将军刘承忠（也有说是宋代将军刘锐，另有说是宋代将军刘锜）而建，现存建筑建于清代同治年间（1862—1874），为苏州市文物保护单位。相传刘将军因能驱除蝗虫，而得到百姓尊崇与爱戴，元朝灭亡后，他投河自尽，世皆称其刘猛将军。刘猛将军庙，简称刘王庙，以前广布各地，单吴江地区就有数百座，连溪港周围都有8座。世易时移，吴江独留下韭溪旁这座刘王庙。刘猛将军庙古风纯朴、浓郁，成了水乡特有的景观。最近几年，平望镇政府、溪港村与吴江文物部门一起修缮了刘猛将军庙，不仅恢复了其往日的古色古香，还为其配置了两副对联。

山门：

下联：黛瓦粉墙缀西港虹霓　　上联：碧波红树映东林精舍

碧波红树映东林精舍[①]，

黛瓦粉墙缀西港虹霓[②]。

（陈志强撰联，顾宇驰书联）

正殿：

刘猛将军庙正殿对联下联　　刘猛将军庙正殿对联上联

215

挥三尺青锋，驱蝗捍患扬威莺脰岸；
拯八方黎庶，安境护禾播泽韭溪村。

(陈志强、张舫澜撰联，张兴中书联)

注：
① 东林精舍："韭溪八景"之一。
② 黛瓦粉墙：指刘猛将军庙。西港虹霓：指刘猛将军庙西侧韭溪上的东林桥。

大庆桥

大庆桥

大庆桥,俗称溪桥,拱形单孔,为苏州市控制性保护古建筑,在平望镇溪港村,民国十一年(1922)重建。

水通笠泽波光远,
地接枫江[①]秀气多。

注:
① 枫江:吴江的别称。

溪港石牌楼

溪港石牌楼

溪港古村落，位于平望镇西北约 7 公里处，2008 年 1 月由苏州市人民政府公布为历史文化名村。从 2012 年春天起，平望镇政府和吴江文物、财政、人口计生等部门，一方面修缮村上东林桥、刘猛将军庙等名胜古迹，一方面修建休闲旅游仿古建筑，还在村口立起一座古色古香的石牌楼，上镌对联四副，撰联者为陈志强（倪平勘正），书联者为华建平、孙悦良、孙俊良和钱惠芬。

溪港石牌楼对联下联

溪港石牌楼对联上联

东向：

　　　　　擎三尺青锋，刘王①翦害遗祠庙；
　　　　　凌千层碧浪，勾践挥师传韭溪。

注：
① 刘王：即刘猛将军。

　　　　　耕读传家，延潘吴①文脉；
　　　　　渔樵问对，话周李②门风。

注：

① 潘吴：指明末清初隐居在溪港的潘柽章、潘耒和吴炎，他们著有《国史考异》《松陵文献》《明史记》《食货志》等书，在史学界

和文坛上占有较高的地位。

②周李：指溪港的望族周氏和李氏，现存有周家厅和李八爷旧宅，均为吴江第三次全国文物普查点。

西向：

　　　　　　　晴澜涵笠泽，远浦归帆留夕照；
　　　　　　　橹影接莺湖，平沙落雁正秋光。

碧波红树映东林精舍，黛瓦粉墙缀西港虹霓。